1日 ⑤分！教室で使える

漢字
コグトレ

小学 1 年生

児童精神科医・医学博士
宮口幸治
[著]

東洋館出版社

はじめに

■ 認知機能へのアプローチが必要な理由

　本書は、各学年で習得すべき漢字を利用して学習の土台となる認知機能を高めるトレーニングを行うことで、**漢字力と認知機能の両方を同時に向上させる**ことを目的としています。

　認知機能とは、記憶、知覚、注意、言語理解、判断・推論といった幾つかの要素が含まれた知的機能を指します。例えば授業中に先生が口頭で次のような問題を出したとします。

　「A さんはアメを 10 個もっていました。4 個あげると、A さんはアメを何個もっているでしょうか？」

　まず先生の話に**注意**を向ける必要があります。ノートにお絵描きをしていては問題が出されたこと自体に気がつきません。そして先生に注意を向けたとしても、先生の話したことをしっかり聞きとって**知覚**し、個数を忘れないように**記憶**しなければいけません。

　また、先生の話した問題の**言語理解**も必要です。次に、ここから問題を考えていくわけですが、暗算するためには他に考え事などせず注意・集中する必要があります。好きなゲームのことを考えていては暗算ができません。最後に大切なのが、上記の問題では次の 2 通りの解釈ができます。

　「A さんはだれかにアメを 4 個あげたのか？」
　「A さんはだれかからアメを 4 個もらったのか？」

　ですので、ここで先生はどちらを意図しているのか**判断・推論**する必要があります。

　以上から先生が口頭で出した問題を解くためには認知機能のすべての力が必要なのです。もし、その中の一つでも弱さがあれば問題を解くことができないのです。認知機能は学習に必須の働きであり**学習につまずきを抱える子どもは認知機能の働きのどこかに、または複数に弱さをもっている**のです。

　認知機能は学習面だけでなく、人に興味を向ける、人の気持ちを考える、人と会話をするなどのコミュニケーション力や、自分で考えて行動する、さまざまな困った問題に対処するなどの問題解決力といった子どもの学校生活にとって必要な力でもあり、**認知機能の弱さは、対人スキルの乏しさにもつながる**のです。

**　認知機能の弱さ　≒　学習のつまずき、対人スキルの乏しさ**

　しかし現在の学校教育では学科教育が主で、その土台となっている認知機能へのアプローチがほとんどなされていないのが現状です。そこでは多くの子どもたちが困っていました。それに対処すべく開発されたのが認知機能向上トレーニングである**コグトレ**なのです。この「漢字コグトレ」はこれらコグトレ理論に基づき、漢字力を高めながら同時に学習で困らないための認知機能を高めるように構成されております。

　なお、本書は学習に必要な認知機能を高めていくことを一番の目的としています。そのため漢字の習得自体が不安な場合は先に通常の漢字練習を行ってから本書をご使用されるとより効果的と思われます。もちろん漢字練習が苦手なお子様が先に本書を使って漢字に慣れたり、漢字への抵抗感を減らしたりすることも可能ですし、漢字練習だけでは物足りないお子様にも十分な手応えがあるでしょう。本書をお使いになることで、困っているお子様はもちろんのこと、さらに学力の向上を望んでおられるお子様にお役に立てることを願っております。

立命館大学教授　児童精神科医・医学博士　宮口幸治

1日5分！
教室で使える漢字コグトレ　小学1年生

はじめに ……………………………………………………………………… 1

漢字コグトレとは？　　4

ワークシートの使用方法　　5

ワークシートの使用例　　8

ワークシート一覧　　10

① 覚える　13

最初とポン ……………………………………………………… 14

最後とポン ……………………………………………………… 22

正しいのはどっち？ …………………………………………… 28

② 数える　33

漢字まとめ ……………………………………………………… 34

漢字数え ………………………………………………………… 44

漢字算 …………………………………………………………… 54

漢字つなぎ ……………………………………………………… 64

目　次

③ 写　す　75

点つなぎ ……………………………………………………… 76
くるくる漢字 ……………………………………………… 86
鏡・水面漢字 ……………………………………………… 96

④ 見つける　107

漢字さがし ………………………………………………… 108
かさなり漢字 ……………………………………………… 118
違いはどこ？ ……………………………………………… 128
同じ絵はどれ？ …………………………………………… 134
回転漢字 …………………………………………………… 140

⑤ 想像する　151

スタンプ漢字 ……………………………………………… 152
心で回転 …………………………………………………… 162
順位決定戦 ………………………………………………… 172
物語づくり ………………………………………………… 190

解答編　200

著者略歴 …………………………………………………………… 210

漢字コグトレとは？

　これまで、コグトレは主に認知機能の弱さがあり学習でつまずきをもつ子どもたちに使われてきました。

　しかし学校では脳トレに似ている感もあって学習の一環として取り組ませにくく、トレーニングのための時間がせいぜい朝の会の1日5分しか取れない、個別に課題をやらせるしかない、といった声を多数いただいてきました。

　そこで授業科目（特に国語）の中で学習教材の一つとしてクラス全体で使えるように考えだされたのがこの漢字を使用した漢字コグトレなのです。

どのようなトレーニングか？

　漢字の習得はとても大切です。しかし現在の主な漢字ドリルは漢字の習得だけを目的としているため、時間をかけているにもかかわらず得られるのは漢字の知識だけと、決して効率がよいとは言えません。そこで漢字の練習をしながら、かつはじめに述べた学習に欠かせない認知機能もトレーニングしていくことで、漢字力の向上は当然のこと、認知機能も同時に向上させることができるようにつくられています。

具体的には？

　認知機能（記憶、知覚、注意、言語理解、判断・推論）に対応した「覚える」「数える」「写す」「見つける」「想像する」といった5つのワークから構成され、小学1年生用では合計152課題からなります。

　ワークは認知機能だけを直接的にトレーニングするためのテキスト「コグトレ　みる・きく・想像するための認知機能強化トレーニング」（三輪書店）をもとに、図形を漢字に置き換えるなど漢字に特化して再構成されています。分かりやすい図形の代わりに複雑な形態である漢字を使い、また平仮名でもよかった解答を漢字で書かせるなど、難易度が高い課題もありますので、学習の進んでいるお子さんや高齢者の方でも十分にやりがいのあるワークとなっています。

　一方、本書が難しいお子さんには「コグトレ　みる・きく・想像するための認知機能強化トレーニング」「やさしいコグトレ　認知機能強化トレーニング」（いずれも三輪書店）も併用することをおすすめします。

ワークシートの使用方法

　本トレーニングは「覚える」「数える」「写す」「見つける」「想像する」の５つのワークから構成されています（全 152 課題：ワークシート一覧表）。

　本書にすべて取り組むと、１年生で習得すべき全漢字（80 字）を平均で４〜５回ずつ確認練習できるよう配置されています。課題は次の３つのタイプからなります。

　①漢字が未習得でも取り組むことができる課題（表の〇）
　②漢字でなく平仮名やカタカナで書いても効果のある課題（表の△）
　③漢字を習得しないと困難な課題（表の◎）

　①は、いつ始めても問題ありません。

　②は、本来は漢字を習得してから取り組む問題ですが、未習得でも認知機能トレーニングとして効果が期待される課題です。漢字習得後にも繰り返して実施すると一層の効果が期待されます。

　③は漢字の習得そのものが必要な課題ですので学年の最後に実施した方がいいでしょう。

　なお、このトレーニングは「コグトレ　みる、きく、想像するための認知機能強化トレーニング」（三輪書店）をベースにつくられていますので、漢字以前に認知機能のトレーニングにもっと時間をかけて行いたい場合はそちらも並行してお使い下さい。

　以下、５つのワークについて主に認知機能面から概要をご説明します。いずれも漢字のトレーニングを兼ねていることは言うまでもありません。

■ ①覚える

　授業中の先生の話、人の話を注意・集中してしっかり聞いて覚える力を養っていきます。

最初とポン

　出題者が２つの文章を読み上げ、子どもがそれぞれ最初の言葉だけ覚えます。ただし、文章中に動物の名前が出たときには手を叩いてもらいます。そして覚えた言葉を漢字に直してノートやプリントに書きます。手を叩くという干渉課題を入れることで、より集中し聞いて覚える必要が生じます。これにより聴覚ワーキングメモリをトレーニングします。

最後とポン

　一連の２セットの単語を読み上げ、最後の単語だけを記憶します。ここでは、色の名前が出たときにだけ手を叩いてもらいます。そして覚えた単語を漢字に直して解答用紙に書きます。

ワークシートの使用方法　**5**

正しいのはどっち？

　「多い・少ない」などの比較や、文脈から判断する二者択一問題を読み上げ、正しいのはどちらかを考えさせる課題です。そして答えを漢字で解答用紙に書きます。選択肢を覚えておきながら文章を聞き取り考える力をつけていきます。

②数える

　数感覚や注意・集中力、早く処理する力、計画力を養っていきます。

漢字まとめ

　ある漢字を決められた数だけ丸で囲むことで数感覚を養います。数を効率よく数えたり、繰り上がり・繰り下がり計算の理解にも役立ちます。

漢字数え

　ある決まった漢字の数を数えながら漢字にチェックをします。注意深く正確に数えることで集中力や自分で時間管理をすることで自己管理力をつけます。

漢字算

　一桁＋一桁の足し算の計算問題とセットになった文章があります。その中にある言葉を漢字に直し、計算の答えと一緒に記憶し、計算の回答欄に対応する漢字を書きます。短期記憶の力や転記ミスを減らす力を養います。

漢字つなぎ

　たて、よこ、ななめで隣り合った2つの漢字の中で、2字熟語になるものを〇で囲み解答欄に書きます。答えを効率よく探すことで、ものを数える際に必要な処理するスピード、計画力を向上させます。二字熟語の知識が必要なので各学年の最後にした方がいいでしょう。

③写す

　漢字の基礎ともなる形を正確に認識する力を養います。

点つなぎ

　見本の漢字を見ながら、下の枠に直線を追加して見本の漢字と同じになるように完成させます。基本的な図形の認識や漢字を覚えるための基礎的な力を養います。

くるくる漢字

　上にある回転した漢字を見ながら、下に正しい方向に直して写します。角度が変わっても同じ形であることを認識する力、位置関係を考えながら写す論理的思考、心的回転の力を養います。

鏡・水面漢字

　鏡と水面に逆向きに映った漢字を見て、正しい漢字に書き直してもらいます。鏡像や水面像を理解する力、位置関係を理解する力、想像しながら正確に写す力を養います。

④見つける

　視覚情報を整理する力を養います。

漢字さがし

　不規則に並んだ点群の中から提示された漢字を構成する配列を探して線で結びます。黒板を写したりする際に必要な形の恒常性の力を養います。

かさなり漢字

　提示された漢字をつくるのに使われない部品を複数の中から一つ選びます。あるまとまった形の中から一部の形を抽出していくことで、形の構成を理解する力など図形思考を養います。

違いはどこ？

　２枚の絵の違いを見つけていきます。２枚の絵の違いを考えることで、視覚情報の共通点や相違点を把握する力や観察力を養います。

同じ絵はどれ？

　複数の絵の中からまったく同じ絵を２枚見つけます。複数の絵の中から２枚の同じ絵を効率よく見つけ出すことで、全体を見ながら視覚情報の共通点や相違点を把握する力や観察力、計画力を養います。

回転漢字

　左右にバラバラに回転して並べられた漢字の部品を線でつないで正しい漢字を作り書きます。形を心の中で回転させ、正しい組み合わせを見つけていくことで図形の方向弁別や方向の類同視の力を養っていきます。

⑤想像する

　見えないものを想像する力を養います。

スタンプ漢字

　提示されたスタンプを紙に押したとき、どのような模様になるかを想像します。ある視覚情報から他の情報を想像するというトレーニングを通して、見えないものを想像する力や論理性を養います。

心で回転

　自分から見える机の上に置かれた漢字は、周りからはどう見えるかを想像します。対象物を違った方向から見たらどう見えるかを想像することで心的回転の力や相手の立場になって考える力を養います。

順位決定戦

　いくつかの熟語がかけっこをしています。複数の表彰台の順位から判断して熟語たちの総合順位を考えていきます。複数の関係性を比較して記憶し、理解する力を養います。

物語づくり

　提示された単語を使って自由に短い物語をつくってもらいます。出来たらその物語にタイトルをつけます。単語といった断片的な情報から全体を想像する力やストーリーを想像しながら文章を作成する力を養います。

ワークシートの使用方法　**7**

ワークシートの使用例

　トレーニングは5つのワーク（覚える、数える、写す、見つける、想像する）からなります。1回5分、週5日間行えば32週間（1学期12週、2学期12週、3学期8週）ですべて終了できるようつくられています。

　このスケジュールに沿った進め方のモデルを紹介します。時間に制限があれば、5つのワークをどれか組み合わせて実施するなど適宜ご調整ください。以下の①〜⑤）の5つのトレーニングを合わせると合計152回あります。

■ ①覚える

（1回/週×32週間＝32回）

　週1回「最初とポン（12回）」、「最後とポン（12回）」の順で実施し、終了すれば「正しいのはどっち？（8回)」を実施します。

■ ②数える

（1回/週×32週間＝32回）

　週1回「漢字まとめ（8回）」「漢字数え（8回）」「漢字算（8回）」「漢字つなぎ（8回）」の順で実施します。

■ ③写す

（1回/週×24週間＝24回）

　週1回「点つなぎ（8回）」「くるくる漢字（8回）」「鏡・水面漢字（8回）」の順で実施します。ここだけ24週のみです。

■ ④見つける

（1回/週×32週間＝32回）

　週1回「漢字さがし（8回）」「かさなり漢字（8回）」「違いはどこ？（4回）」「同じ絵はどれ？（4回）」「回転漢字（8回）」の順で実施します。

■ ⑤想像する

（1回/週×32週間＝32回）

　週1回「スタンプ漢字（8回）」「心で回転（8回）」「順位決定戦（8回）」「物語づくり（8

回）」の順で実施します。

　以下に、本トレーニングの具体的なモデル使用例を示しておりますのでご参考ください。

■ モデル使用例1：（朝の会の1日5分を使うケース）

　ある1週間について、以下のように進めていきます。例えば、

　　　月曜日：「覚える」の「最初とポン」を5分

　　　火曜日：「数える」の「漢字まとめ」を5分

　　　水曜日：「写す」の「点つなぎ」を5分

　　　木曜日：「見つける」の「漢字さがし」を5分

　　　金曜日：「想像する」の「スタンプ漢字」を5分

　で実施すれば1年間（週5日、32週）ですべての課題が終了します。「覚える」は漢字が未習得であれば平仮名やカタカナで書いて問題ありません。

■ モデル使用例2：（週1回だけ朝の会で行い、あとは宿題とするケース）

　「覚える」だけ週1回、朝の会などで実施し（計32週）、残りは学校での宿題プリントの裏面に印刷して実施（120枚）します。

　週に4枚取り組むと30週で終了します。「覚える」は漢字が未習得でも平仮名やカタカナで書いて問題ありません。

■ モデル使用例3：（国語の授業で漢字の練習として使うケース）

　漢字習得の確認テストの一環として国語の授業中に実施します。

　合計152回ありますので、週に5コマの国語の授業中に1回5分ずつ実施すれば31週で終了します。

■ モデル使用例4：（保護者と一緒に自宅で使うケース）

　ご家庭で、「覚える」の課題のみ読み上げ、残りのワーク（漢字が未習得でも取り組むことができる課題（表の〇）から始めます）は印刷してお子さん自身でやってもらいましょう。

　答え合わせは一緒にみて確認してあげましょう。間違っていれば、間違っていることだけを伝えどこが間違えているのかを考えてもらうとより効果的です。「覚える」は漢字が未習得でも平仮名やカタカナで書いて問題ありません。

ワークシート一覧

小学校1年生　漢字配当：80字

5つのトレーニング	小項目	課題のタイプ	ワーク番号	ワークシート数
覚える	最初とポン	△	1〜12	12
	最後とポン	△	1〜12	12
	正しいのはどっち？	△	1〜8	8
数える	漢字まとめ	○	1〜8	8
	漢字数え	○	1〜8	8
	漢字算	△	1〜8	8
	漢字つなぎ	◎	1〜8	8
写す	点つなぎ	○	1〜8	8
	くるくる漢字	○	1〜8	8
	鏡・水面漢字	○	1〜8	8
見つける	漢字さがし	○	1〜8	8
	かさなり漢字	○	1〜8	8
	違いはどこ？	○	1〜4	4
	同じ絵はどれ？	○	1〜4	4
	回転漢字	◎	1〜8	8
想像する	スタンプ漢字	○	1〜8	8
	心で回転	○	1〜8	8
	順位決定戦	△	1〜8	8
	物語づくり	△	1〜8	8

課題のタイプ：○：未習得でも可能な課題、△：平仮名、カタカナでも効果あり、◎：習得しないと困難

頻度（回／週）	期間（週）	施行学期	備　考
1	32	1	最初の漢字を覚えて書く（2文条件）
1		2	最後の漢字を覚えて書く（2セット条件）
1		3	問題文を聞き、答えを漢字で書く
1	32	1	ある漢字を5個ずつ囲む
1		1、2	ある漢字だけを数える
1		2	計算の答えを漢字に置き換える
1		3	二字熟語を探す
1	24	1	点をつないで上の漢字を下に写す
1		1、2	回転した漢字を下に写す
1		2	鏡・水面に映った漢字を正しく写す
1	32	1	点群の中から漢字を見つける
1		1、2	漢字を構成する部品を見つける
1		2	2枚の絵から違いを見つける
1		2	複数の絵から同じ絵を2枚見つける
1		3	回転させた漢字の部品から漢字を見つける
1	32	1	スタンプ面から正しい漢字を想像する
1		1、2	相手側から見た漢字を想像する
1		2	正しい順位を想像して熟語で書く
1		3	漢字を使って物語を想像する

❶ 覚える

❶ 覚える

最初とポン、最後とポン、正しいのはどっち？

●子どもにつけて欲しい力
授業中の先生の話、人の話を注意・集中してしっかり聞く力をつけます。

●進め方
　1回につき最初とポン、最後とポンの順で3題ずつ進めていきます（計24回分）。最後に正しいのはどっち？を2題ずつ進めていきます（計8回分）。

　最初とポン：短い文章を2つ読みます。そのうち、それぞれの文章の最初の単語だけを覚え、ノートやプリントに漢字で書いてもらいます。ただし、文章の途中で動物の名前（右の例の下線）が出たときは手を叩いてもらいます。答えは右の例の太文字の漢字です。

　最後とポン：一連の漢字を2セットずつ読みあげます。それぞれのセットの最後の単語を覚え、ノートやプリントに漢字で書いてもらいます。ただし、途中で色の名前が出たときは手を叩いてもらいます。答えは右の例の太文字の漢字です。

　正しいのはどっち？：問題を読み上げ、質問について考えてもらい、答えの漢字をノートやプリントに書かせます。

●ポイント
・まだ漢字が書けなければ平仮名やカタカナで書いても問題ありません。
・手を叩く代わりに目を閉じて手を挙げてもらうのもいいでしょう。
・文章や漢字セットを読み上げるときは「1つ目」「2つ目」と言ってあげましょう。
・「最後とポン」ではどこで終わるかは教えませんので特に集中して聞いてもらいましょう。
・「正しいのはどっち？」では子どものレベルに応じて何度か読んであげるなど、調整しましょう。

●留意点
　「最初とポン」「最後とポン」は1年生では形式に慣れるために2つずつにしてあります。2年生以降では3つずつになります。「正しいのはどっち？」は答えを示しても分かりにくければ黒板に図示するなどして説明してあげましょう。

14

取り組み時間：5分　　**回数**　計 32 回分

例

> **最初とポン ❶**　動物の名前が出たら手を叩きます

1　足が速いチーターとかけっこをしました。
　　イヌは疲れて眠ってしまいました。

2　空を見上げるとたくさんの星が輝いていました。
　　月の中でウサギが餅つきをしています。

3　男の子が泥遊びをしていました。
　　田んぼからカエルが飛び出してきました。

> **最後とポン ❶**　色の名前が出たら手を叩きます

1　山、車、青
　　川、木

2　空、土、耳、白
　　町、虫

3　足、青、水
　　雨、糸、森

> **正しいのはどっち？ ❶**

1　女の子がクレヨンでお絵かきをしました。金色のクレヨンを赤色のクレヨンよりもたくさん使いました。絵にはどちらの色が多く塗られているでしょうか？　色で答えてください。
　　（答え　金）

2　ウサギさんが外にお出かけをしようとしています。村よりも町の方がウサギさんのお家から近くにあります。どちらの方がより早く着くことができるでしょうか？
　　（答え　町）

---

❶　覚える　　**15**

最初とポン ❶ 　動物の名前が出たら手を叩きます

1　足が速いチーターとかけっこをしました。
イヌは疲れて眠ってしまいました。

2　空を見上げるとたくさんの星が輝いていました。
月の中でウサギが餅つきをしています。

3　男の子が泥遊びをしていました。
田んぼからカエルが飛び出してきました。

最初とポン ❷ 　動物の名前が出たら手を叩きます

1　女の子が砂遊びをしていました。
土の中からモグラが出てきました。

2　森の中でクマさんと出会いました。
小さなキツネと仲良く遊んでいます。

3　目が大きなキンギョがいました。
天を見上げて、トリを眺めています。

最初とポン ❸ 　動物の名前が出たら手を叩きます

1　木に登っていると、サルに出会いました。
　　町でイタズラをしているようです。

2　円の中でクマさんとお相撲をしました。
　　大きなカメがひっくり返ってしまいました。

3　青い海にラッコがゆらゆらと浮かんでいました。
　　カイを食べたくて、海中を探し回っているようです。

最初とポン ❹ 　動物の名前が出たら手を叩きます

1　村でキツネがイタズラをしていました。
　　先に来ていたタヌキは怒って帰ってしまいました。

2　手を伸ばすとかわいいハムスターがこちらを振り向きました。
　　四つの種を大切に抱えています。

3　山の中をイヌと散歩しました。
　　出てきたリスが後ろからついてきました。

最初とポン ❺ 動物の名前が出たら手を叩きます

1
一つの木をみんなで運んでいます。
力いっぱいクマさんは頑張っています。

2
金のトリが夜空に突然現れました。
見ていたウサギさんは嬉しそうに飛び跳ねました。

3
口いっぱいにドングリを詰めたリスが走っています。
石につまずいて転んでしまいました。

最初とポン ❻ 動物の名前が出たら手を叩きます

1
日が沈むとフクロウが姿を現しました。
上を見ると、コウモリがたくさん飛んでいました。

2
草むらでダンゴムシを見つけました。
虫が苦手なネコさんは、びっくりして逃げてしまいました。

3
七月の星空が綺麗で、ウサギたちは大喜びです。
白い川のように見えるのが天の川です。

最初とポン ❼　動物の名前が出たら手を叩きます

1　字が綺麗なタヌキさんはお絵かきも得意です。
三つのかわいいリボンを描いてくれました。

2　竹の葉っぱをパンダが食べようとしています。
中をのぞくとアリさんが住んでいました。

3　赤ちゃんが優しいネコさんと遊んでいます。
右から子イヌがやってきました。

最初とポン ❽　動物の名前が出たら手を叩きます

1　正しい漢字を探していたら、ウサギたちが応援しにきてくれました。
花をネコと一緒にたくさん摘んできてくれたようです。

2　耳の長いウサギさんは小さな音でも気づくことができます。
音の鳴る方を振り向くと、ネズミが近づいてきていました。

3　休みの日に、ヤギさんと掃除をしました。
本がほとんど食べられてしまいました。

最初とポン ❾　動物の名前が出たら手を叩きます

1　雨が降る日は、カエルたちが歌を歌います。
　　生まれたてのオタマジャクシはゆらゆらと泳いでいます。

2　車で探険家と一緒に洞窟へ行きました。
　　入り口でコウモリたちの音が聞こえました。

3　玉を使ってオットセイが遊んでいます。
　　水から出てきたイルカは上手に輪をくぐりました。

最初とポン ❿　動物の名前が出たら手を叩きます

1　人のいない森でオオカミと出会いました。
　　川につくと、カッパが気持ちよさそうに泳いでいました。

2　早い時間に起きるとニワトリの鳴き声が聞こえました。
　　子どもたちは大きなあくびをしました。

3　糸をだして、クモは学校に家をつくりました。
　　学ぶことが大好きなネズミさんと仲良くなりました。

最初とポン ⓫　　動物の名前が出たら手を叩きます

1　林を歩きつづけると、リスの鳴き声が聞こえてきました。
　　下にはモグラの穴がたくさんあいていました。

2　名まえが付いていないネコと仲良くなりました。
　　年をとったカメと一緒に遊んでいます。

3　火をおこしたサルがキャンプをしていました。
　　二つの手を使って上手に料理しています。

最初とポン ⓬　　動物の名前が出たら手を叩きます

1　立ち上がるとネコが寂しそうにこちらを見上げました。
　　気が変わったクマさんは、そばから離れませんでした。

2　百円のお菓子をイヌたちで分け合っていました。
　　左からお腹をすかせたキツネがやってきました。

3　王のもとに、手紙を運ぶトリがやってきました。
　　文を読んだ王は、あわててイヌを捜しにいきました。

21

最後とポン ❶　　色の名前が出たら手を叩きます

1　山、車、<u>青</u>
　　　川、**木**

2　空、土、耳、<u>白</u>
　　　町、**虫**

3　足、<u>青</u>、**水**
　　　雨、糸、**森**

最後とポン ❷　　色の名前が出たら手を叩きます

1　音、<u>赤</u>、**女**
　　　<u>白</u>、**車**

2　本、<u>白</u>、足、**一**
　　　山、空、**手**

3　<u>青</u>、**右**
　　　火、<u>赤</u>、**音**

最後とポン ❸　色の名前が出たら手を叩きます

1　草、白、上、花
下、赤、貝

2　赤、林、月
目、川

3　石、火
手、赤、水、空

最後とポン ❹　色の名前が出たら手を叩きます

1　四、白、玉
青、村、口

2　石、左、犬、林
音、赤、千

3　右、金
口、白、村

最後とポン❺　色の名前が出たら手を叩きます

1　森、石
　　犬、青、雨

2　人、年、赤、円
　　竹、赤

3　空、木、青、六
　　土、左

最後とポン❻　色の名前が出たら手を叩きます

1　三、赤、人
　　白、耳

2　先、上、青、犬
　　円、白、土

3　花、金、年
　　青、山

最後とポン ❼　色の名前が出たら手を叩きます

1　水、赤、文
　　　白、森、雨、足

2　石、町
　　　空、白、目

3　手、白、下
　　　八、草

最後とポン ❽　色の名前が出たら手を叩きます

1　大、立つ、赤、上
　　　白、村、竹

2　生、森、先
　　　赤、十

3　五、赤、力
　　　力、天

最後とポン ❾　色の名前が出たら手を叩きます

1
口、青、中
中、白、百

2
白、草、目、本
天、赤、見る

3
王、立つ
森、白、男

最後とポン ❿　色の名前が出たら手を叩きます

1
下、青、九
町、車、白、出る

2
森、林、空、子
木、白、田

3
白、糸
山、金、七

<u>最後とポン</u>⓫　色の名前が出たら手を叩きます

1　人、青、五
　　　白、中、**正しい**

2　雲、黒、王
　　　北、**四つ**

3　町、赤、三
　　　上、**休む**

<u>最後とポン</u>⓬　色の名前が出たら手を叩きます

1　村、**学ぶ**
　　　白、九、**字**

2　玉、青、花、**早い**
　　　口、赤、年、**大**

3　空、青、**小**
　　　車、貝、赤、**生きる**

27

正しいのはどっち？ ❶

1 女の子がクレヨンでお絵かきをしました。金色のクレヨンを赤色のクレヨンよりもたくさん使いました。絵にはどちらの色が多く塗られているでしょうか？　色で答えてください。

（答え　金）

2 ウサギさんが外にお出かけをしようとしています。村よりも町の方がウサギさんのお家から近くにあります。どちらの方がより早く着くことができるでしょうか？

（答え　町）

正しいのはどっち？ ❷

1 クマさんが両手でお魚を運んでいます。右手に持ったお魚が、左手に持ったお魚よりも重たいです。どちらの手の方が先に疲れやすいでしょうか？

（答え　右）

2 虫と貝がかけっこをしました。貝よりも虫のほうが走るのが遅いです。かけっこにはどちらが勝ったでしょうか？

（答え　貝）

正しいのはどっち？ ❸

1 公園に、花と草が同じ数だけありました。そこへヤギさんがやって来て、草を少し食べてしまいました。公園にはどちらの方がより多く残っているでしょうか？
（答え　花）

2 男の子がお花を摘みに出かけました。その男の子は白いお花よりも青いお花の方が好きです。男の子は、どちらのお花を多く持って帰ったでしょうか？　色で答えてください。
（答え　青）

正しいのはどっち？ ❹

1 オタマジャクシは水の中で生活しますが、成長してカエルになると土の中で生活できるようになります。生まれたばかりのオタマジャクシは、水と土のどちらにいるでしょうか？
（答え　水）

2 フクロウさんは、木がたくさんある場所に住んでいます。森は林よりも木がたくさんあります。フクロウさんはどちらに多く住んでいるでしょうか？
（答え　森）

正しいのはどっち？ ❺

1 どこからか甘いケーキの香りがしてきました。犬は人よりも鼻が良いです。どちらの方が先にケーキの香りに気がつくことができるでしょうか？
（答え　犬）

2 パンダさんは、木を登って遊ぶことと、竹を食べることが大好きです。お腹をすかせたパンダさんは、木と竹があればどちらに向かうでしょうか？
（答え　竹）

正しいのはどっち？ ❻

1 ウサギさんは、山にも月にも住んでいます。お餅つきをしているウサギさんはどっちに住んでいるでしょうか？
（答え　月）

2 ネコさんは玉を転がして遊ぶのが大好きですが、本はあまり好きではありません。玉と本をネコさんにプレゼントをすると、どちらの方が嬉しいでしょうか？
（答え　玉）

正しいのはどっち？　❼

1 目を閉じると眠たくなり、口を閉じると静かになります。お話を静かに聞くためには、どちらの方を閉じるのがよいでしょうか？
（答え　口）

2 空にはアリがいて、地面には鳥がいます。アリさんをたくさん見つけるためには上と下のどちらの方を向けば良いでしょうか？
（答え　上）

正しいのはどっち？　❽

1 キツネさんは、円を描くことは上手ですが、字を書くことは苦手です。キツネさんがした落書きには、どちらの方が多くかかれているでしょうか？
（答え　円）

2 六月は雨が多く降り、一月には雪が多く降ります。寒いのが苦手で、雨が大好きなナメクジさんは、どちらの月にたくさん現れるでしょうか？　数字で答えてください。
（答え　六）

❷数える

❷　数える

漢字まとめ

●**子どもにつけて欲しい力**

　ある漢字をかたまり（量）としてまとめることで数の感覚を養っていきます。繰り上がり・繰り下がり計算の理解を促します。

●**進め方**

　提示された漢字（右の例では「十」）を5個ずつ〇で囲みましょう。囲んだらその〇の数と、漢字の合計を右下の欄に書いてもらいましょう。

●**ポイント**

・時間は5分間ですが、時間を気にせず、ゆっくり確実に〇で囲むように伝えます。

・ターゲットの漢字を1つずつ数えて囲むのではなく5個のかたまりを見つけてから囲むように伝えます。

・〇で囲めない余りのターゲットもありますが、それは囲まずにおいておきます。

●**留意点**

・ターゲットの漢字の総数が多くて数えられない場合は〇の数だけ数えて下に書いてもらいましょう。

・かけ算の九九を知っている子どもは〇の数に5をかけて、漢字の総数を出してもいいでしょう。

・漢字を囲む際に1つずつ漢字を数えていれば、3個ずつ囲む、4個ずつ囲むなど、囲む数を減らしてみて、何個からかたまりで見れているかを確認し、できる数から始めてみましょう。

・5個ずつ囲むのが簡単であれば、数を数えないで6個ずつ囲む、7個ずつ囲むなど数を増やしてみましょう。

取り組み時間：5分　　回数　8回分

例

かんじまとめ ❶

「十」というかんじを5つずつ ◯ でかこみながら、◯ と「十」というかんじのかずをかぞえましょう。
かぞえたら、そのかずを下にかきましょう。

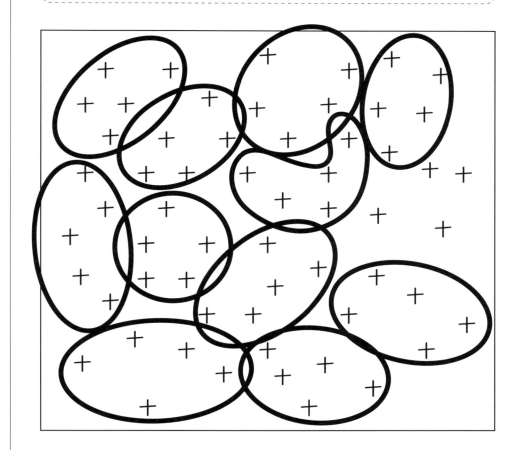

◯ は [11] こ　　「十」は [59] こ

❷ 数える　35

ねん　　くみ

かんじまとめ ❶

「十」というかんじを５つずつ ◯ でかこみながら、◯ と「十」というかんじのかずをかぞえましょう。
かぞえたら、そのかずを下にかきましょう。

◯ は ［　　　］こ　　「十」は ［　　　］こ

_____ ねん　　くみ

かんじまとめ ❷

「貝」というかんじを５つずつ◯でかこみながら、◯と「貝」というかんじのかずをかぞえましょう。
かぞえたら、そのかずを下にかきましょう。

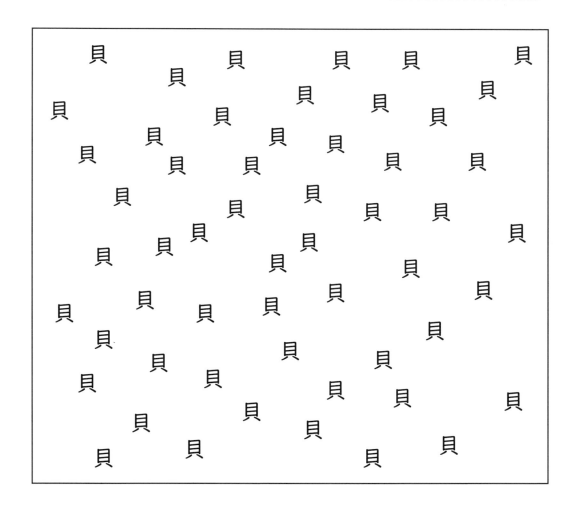

◯は [　　　] こ　「貝」は [　　　] こ

ねん　　くみ

かんじまとめ ③

「九」というかんじを５つずつ ◯ でかこみながら、◯ と「九」という
かんじのかずをかぞえましょう。
かぞえたら、そのかずを下にかきましょう。

九　　九　　　　九　　　九　　九
　　九　　九　　九　　　　　九
　　九　　　　九　　　九　　九
九　　　九　　九　　　九　　九
九　　九　　九　　九　　九　　九
　　九　　　九　　　九　　九　九
　九　　　九　　九　　九　九
九　　九　　　　九　　九　九
　　九　九　　九　　九　　九
九　九　　　九　九　九
　　九　　　九　　　九　　九
　九　　九　　九　　九　九
九　　　　九　　九　　九
　九　　九　　九　　九
九　　九　　九　　九　九
　　　　九

◯ は ［　　　］ こ　　「九」は ［　　　］ こ

ねん　　くみ

かんじまとめ 4

「口」というかんじを５つずつ ◯ でかこみながら、◯ と「口」とい
うかんじのかずをかぞえましょう。
かぞえたら、そのかずを下にかきましょう。

◯ は [　　　] こ 　「口」は [　　　] こ

ねん　　くみ

かんじまとめ ⑤

「子」というかんじを５つずつ ◯ でかこみながら、◯ と「子」とい
うかんじのかずをかぞえましょう。
かぞえたら、そのかずを下にかきましょう。

（grid of 「子」 characters）

◯ は ［　　　］ こ　　「子」は ［　　　］ こ

かんじまとめ ❻

「人」というかんじを5つずつ◯でかこみながら、◯と「人」というかんじのかずをかぞえましょう。
かぞえたら、そのかずを下にかきましょう。

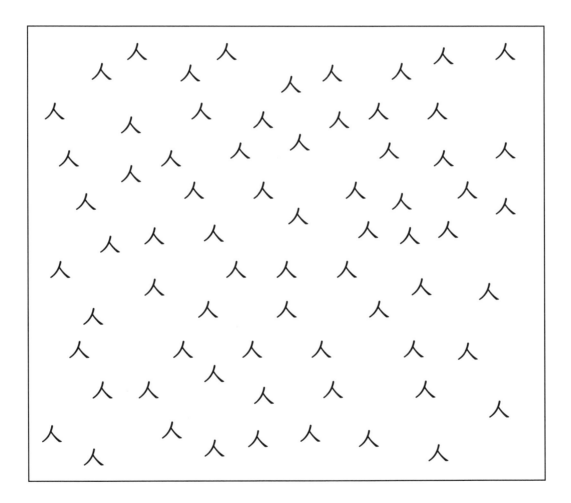

◯は [　　] こ 「人」は [　　] こ

ねん　　くみ

かんじまとめ ❼

「水」というかんじを５つずつ ◯ でかこみながら、◯ と「水」とい
うかんじのかずをかぞえましょう。
かぞえたら、そのかずを下にかきましょう。

水　水　水　水　水　水
水　水　水　水　水　水
水　水　水　水　水　水　水
水　水　水　水　水　水
水　水　水　水　水　水　水
水　水　水　水　水
水　水　水　水　水
水　水　水　水　水
水　水　水　水　水　水
水　水　水　水　水
水　水　水　水　水

◯ は〔　　　〕こ　　「水」は〔　　　〕こ

ねん　　くみ

かんじまとめ ⑧

「下」というかんじを５つずつ◯でかこみながら、◯と「下」とい
うかんじのかずをかぞえましょう。
かぞえたら、そのかずを下にかきましょう。

◯は［　　　］こ　　「下」は［　　　］こ

❷ 数える

漢字数え

●**子どもにつけて欲しい力**

課題を速く処理する力、注意・集中力、自己を管理する力を養います。

●**進め方**

まず「目標」タイムを書きます。スタートの合図で提示された漢字（右の例では「木」）の数を数えながら、できるだけ早く「木」に ✓ をつけてもらいます。数え終わったら、個数を右下の欄に記入し挙手させ、時間を伝えます。時間は「今回」の欄に時間を記入します。全員が終了したら正解数を伝えます。時間の上限は５分とします。

●**ポイント**

・ここでは、処理するスピードを上げる以上に、課題に慎重に取り組む力をつけることを目的としています。漢字の数が間違っていたら、どこが間違っていたか確認させましょう。

・目標時間を設定し、その目標と比べ結果がどうであったかを確認することで、自己管理する力を養います。子どもが自分の能力に比べ早い目標時間や、遅い目標時間を立てた場合、終わった後に理由・感想を聞いてみましょう。

●**留意点**

・最初に全て漢字にチェックして後から数えるのではなく、漢字の数を数えながらチェックすることに注意しましょう。数を記憶しながら他の作業を行うことでワーキングメモリ（一時記憶）の向上を意図しています。

・スピードが早いことよりも、個数を正確に数えること、目標時間に近い方がいいことを伝えます。ただ漢字の数が正解でなくても、目標の時間に近ければ褒めてあげましょう。そのことでスピードの遅い子への配慮もできます。

44

取り組み時間 ：5分　　回数　8回分

例

かんじかぞえ ❶

「木」というかんじのかずをかぞえながら、できるだけ早く「木」に✓をつけましょう。かぞえたら、そのかずを下にかきましょう。

一	右	雨	円	王	音	✓	火	花	貝
学	✓	九	休	玉	金	空	月	犬	見
五	口	校	左	三	山	子	✓	糸	字
耳	七	車	✓	十	出	女	小	上	森
人	水	✓	生	青	夕	石	赤	千	川
先	早	草	足	村	✓	男	竹	中	虫
町	天	田	土	二	日	入	✓	白	八
百	文	✓	本	名	✓	立	力	林	六

もくひょう（ 1 分 00 秒）　　こんかい（　　　分 42 秒）

「木」はぜんぶで [9] こ

❷ 数える　45

ねん　　くみ

かんじかぞえ　❶

「木」というかんじのかずをかぞえながら、できるだけ早く「木」に✓を
つけましょう。かぞえたら、そのかずを下にかきましょう。

一	右	雨	円	王	音	木	火	花	貝
学	木	九	休	玉	金	空	月	犬	見
五	口	校	左	三	山	子	木	糸	字
耳	七	車	木	十	出	女	小	上	森
人	水	木	生	青	夕	石	赤	千	川
先	早	草	足	村	木	男	竹	中	虫
町	天	田	土	二	日	入	木	白	八
百	文	木	本	名	木	立	力	林	六

もくひょう（　　分　　秒）　　こんかい（　　分　　秒）

「木」はぜんぶで [　　　] こ

ねん　　くみ

かんじかぞえ ❷

「王」というかんじのかずをかぞえながら、できるだけ早く「王」に✓を
つけましょう。かぞえたら、そのかずを下にかきましょう。

一	王	雨	円	王	音	下	火	花	貝
学	九	休	玉	金	空	王	月	犬	見
五	口	校	左	三	王	子	四	糸	字
耳	王	車	手	十	出	女	王	上	森
人	水	正	生	青	夕	石	赤	千	川
王	先	早	足	王	大	男	王	中	虫
町	天	王	土	二	日	入	年	白	八
百	文	木	本	王	目	立	力	林	六

もくひょう（　　分　　秒）　　こんかい（　　分　　秒）

「王」はぜんぶで〔　　　　〕こ

ねん　　くみ

かんじかぞえ ❸

「四」というかんじのかずをかぞえながら、できるだけ早く「四」に✓をつけましょう。かぞえたら、そのかずを下にかきましょう。

一	右	四	円	王	音	下	火	四	貝
学	気	九	休	四	金	空	月	犬	見
五	口	校	四	三	山	子	四	糸	字
耳	七	車	手	十	出	女	小	上	森
人	水	正	生	四	夕	石	赤	千	川
先	早	四	足	村	大	男	竹	四	虫
町	天	田	土	四	日	入	年	白	八
百	文	四	本	名	目	立	力	林	六

もくひょう（　　分　　秒）　　こんかい（　　分　　秒）

「四」はぜんぶで〔　　　　〕こ

ねん　　くみ

かんじかぞえ ④

「小」というかんじのかずをかぞえながら、できるだけ早く「小」に✓を
つけましょう。かぞえたら、そのかずを下にかきましょう。

一	右	小	雨	円	王	音	下	火	小
貝	学	気	小	休	玉	小	空	月	犬
見	五	口	小	左	小	山	子	四	糸
字	耳	七	車	手	十	小	女	小	上
森	人	水	小	生	小	夕	石	赤	千
川	先	早	草	足	村	大	男	竹	小
虫	町	天	小	土	日	入	小	白	八
百	文	木	本	小	目	小	力	林	六

もくひょう（　　分　　秒）　　こんかい（　　分　　秒）

「小」 はぜんぶで [　　　　] こ

ねん　　くみ

かんじかぞえ ❺

「石」というかんじのかずをかぞえながら、できるだけ早く「石」に✓を
つけましょう。かぞえたら、そのかずを下にかきましょう。

一	右	雨	円	王	音	石	火	花	貝
学	気	九	石	玉	石	空	月	犬	見
五	石	校	左	三	山	子	四	糸	字
耳	七	石	手	十	出	女	小	上	森
人	水	正	生	石	夕	石	赤	千	川
先	早	石	足	村	大	石	竹	中	虫
町	石	田	土	二	日	入	年	白	八
百	文	木	本	石	目	石	力	林	六

もくひょう（　　　分　　　秒）　こんかい（　　　分　　　秒）

「石」はぜんぶで [　　　　　] こ

_____ねん　_____くみ

かんじかぞえ ❻

「千」というかんじのかずをかぞえながら、できるだけ早く「千」に✓を
つけましょう。かぞえたら、そのかずを下にかきましょう。

一	右	雨	円	王	音	下	火	花	千
千	気	九	千	玉	金	空	月	犬	見
五	口	校	左	三	山	子	四	糸	字
耳	七	車	手	十	千	女	千	上	森
人	水	正	生	青	夕	石	赤	千	川
先	早	草	足	村	大	男	千	中	虫
町	天	田	土	二	千	入	年	白	八
百	文	木	千	名	目	立	力	林	六

もくひょう（　　　分　　　秒）　　こんかい（　　　分　　　秒）

「千」はぜんぶで〔　　　　　〕こ

ねん　　くみ

かんじかぞえ　❼

「大」というかんじのかずをかぞえながら、できるだけ早く「大」に✔を
つけましょう。かぞえたら、そのかずを下にかきましょう。

一	右	雨	円	王	音	大	火	花	貝
学	気	九	大	玉	金	空	月	犬	見
五	大	校	左	三	山	子	四	糸	字
耳	七	車	手	大	出	女	小	上	森
人	水	正	生	青	夕	大	赤	千	川
先	早	草	足	村	大	男	竹	中	虫
町	天	田	土	大	日	入	大	白	八
百	大	木	本	名	目	立	力	大	六

もくひょう（　　分　　秒）　　こんかい（　　分　　秒）

「大」はぜんぶで［　　　　］こ

ねん　　くみ

かんじかぞえ ❽

「入」というかんじのかずをかぞえながら、できるだけ早く「入」に✓を
つけましょう。かぞえたら、そのかずを下にかきましょう。

入	右	雨	円	王	音	下	火	花	貝
入	気	九	入	玉	金	空	月	犬	見
五	口	校	左	三	入	子	四	糸	字
耳	七	車	手	十	出	入	小	上	森
人	水	正	生	青	夕	石	赤	入	川
先	入	草	足	村	大	男	入	中	虫
町	天	田	土	二	日	入	年	白	八
百	文	木	入	名	目	立	力	林	六

もくひょう（　　分　　秒）　こんかい（　　分　　秒）

「入」はぜんぶで [　　　　] こ

❷ 数える

漢字算

●子どもにつけて欲しい力

短期記憶の力、答えの写し間違いをしない力、うっかりミスを減らす力を養います。

進め方

まず上段の右横の計算問題の答えを覚え、左の文章の下線が引かれた平仮名の漢字をイメージして、下段の計算問題の答えと同じ数字を選んで、その横の（　　）に対応する漢字を書きましょう。

ポイント

・漢字が書けなければ平仮名やカタカナでも問題ありません。

・時間制限はありませんのでゆっくり確実にやるよう伝えましょう。

・なかなか覚えられなければ最初は声に出しながら（「10は雨」など）、（　　）に漢字を書いてもらいましょう。

留意点

・計算の答えを覚えながら漢字を書くことを目的にしていますので上段の文章の余白に漢字の答えを書いたり、計算の答えを書いたりしないよう伝えます。

・漢字が分からないときは（　　）には平仮名で書いてもらいましょう。

・（　　　）の数が合わないときは計算間違いをしていますので、どこか間違いがないか確認してもらうといいでしょう。

・この課題が難しければ、もっとやさしい課題から取り組ませましょう。（「やさしいコグトレ」（三輪書店）あいう算など）。

54

取り組み時間：5分　　回数　8回分

例

かんじざん ❶

文の右にあるけいさんのこたえとおなじかずを下からえらんで、せんが
ひいてあるかんじを下の（　　）にかきましょう。

あめのあとに、大きなにじができました　：4 + 6

きれいなはながさいています　　　　　　：3 + 2

わたしはネコよりもイヌがすきです　　　：3 + 1

かぞくでやまのぼりをしました　　　　　：1 + 6

サンタさんはあかいろのふくをきています：2 + 1

なつやすみにうみにいきました　　　　　：4 + 3

3 （　赤　）

4 （　犬　）

5 （　花　）

7 （　山　）（　休　）

10 （　雨　）

❷ 数える　55

ねん　　くみ

かんじざん　❶

文の右にあるけいさんのこたえとおなじかずを下からえらんで、せんが
ひいてあるかんじを下の（　　　）にかきましょう。

あめのあとに、大きなにじができました　：4 + 6

きれいなはながさいています　　　　　　：3 + 2

わたしはネコよりもイヌがすきです　　　：3 + 1

かぞくでやまのぼりをしました　　　　　：1 + 6

サンタさんはあかいろのふくをきています：2 + 1

なつやすみにうみにいきました　　　　　：4 + 3

3（　　　　）

4（　　　　）

5（　　　　）

7（　　　　）（　　　　）

10（　　　　）

_____ねん　　_____くみ

かんじざん ❷

文の右にあるけいさんのこたえとおなじかずを下からえらんで、せんが
ひいてあるかんじを下の（　　）にかきましょう。

まんまるの<u>えん</u>をかくのは、むずかしいです　　　：5 ＋ 4

えんぴつがイスの<u>した</u>におちました　　　　　　：1 ＋ 4

はれの日はとても<u>き</u>もちがよくなります　　　　：2 ＋ 3

ゆうしょうすると、<u>きん</u>メダルがもらえます　　：1 ＋ 2

サメを<u>み</u>るために、すいぞくかんにいきました　：5 ＋ 3

<u>ひだり</u>からボールがとんできました　　　　　　：4 ＋ 3

3（　　　　）

5（　　　　）（　　　　）

7（　　　　）

8（　　　　）

9（　　　　）

ねん　　　くみ

かんじざん ❸

文の右にあるけいさんのこたえとおなじかずを下からえらんで、せんが
ひいてあるかんじを下の（　　）にかきましょう。

ふくのボタンの<u>いと</u>がきれてしまいました　　　　　：3＋2

ていねいに<u>じ</u>をかきましょう　　　　　　　　　　　：2＋1

おかあさんが、<u>なな</u>つのチョコレートをくれました：3＋6

どうくつからコウモリが<u>で</u>てきました　　　　　　　：2＋2

<u>おんな</u>の子がすなばであそんでいます　　　　　　　：5＋3

そとで<u>みず</u>あそびをしました　　　　　　　　　　　：2＋5

3（　　　　）　　　7（　　　　　　）

4（　　　　）　　　8（　　　　　　）

5（　　　　）　　　9（　　　　　　）

_____ねん　　　_____くみ

かんじざん ❹

文の右にあるけいさんのこたえとおなじかずを下からえらんで、せんが
ひいてあるかんじを下の（　　）にかきましょう。

うみで<u>かい</u>を見つけました	：4＋5
<u>くる</u>まであそびに出かけました	：1＋3
<u>みぎ</u>からネコがとび出してきました	：2＋6
ライオンはどうぶつの<u>おう</u>さまといわれます	：5＋2
カバが<u>くち</u>を大きくあけて、あくびをしました	：6＋3
おやつにケーキを<u>ひと</u>つたべました	：2＋1

3（　　　　）

4（　　　　）

7（　　　　）

8（　　　　）

9（　　　　）（　　　　）

_____ ねん　　　くみ _____

かんじざん ❺

文の右にあるけいさんのこたえとおなじかずを下からえらんで、せんが
ひいてあるかんじを下の（　　）にかきましょう。

大きな<u>おと</u>で、目がさめました　　　　　　　：1 + 5

キャンプで<u>ひ</u>をおこしました　　　　　　　　：3 + 1

おにいちゃんは、けん<u>だま</u>がとくいです　　　：2 + 2

はれの日は<u>つき</u>がよく見えます　　　　　　　：1 + 2

どうぶつえんに、パンダの<u>こ</u>どもがいました：2 + 6

<u>お</u>ともだちと、<u>て</u>をつないであるきます　　：4 + 3

3（　　　　　）

4（　　　　　）（　　　　　　）

6（　　　　　）

7（　　　　　）

8（　　　　　）

ねん　　　くみ

かんじざん ❻

文の右にあるけいさんのこたえとおなじかずを下からえらんで、せんが
ひいてあるかんじを下の（　　）にかきましょう。

ちいさなはこには、きれいなゆびわが入っていました：2 + 1

うえをむいてあるいていたら、いしにつまずきました：1 + 8

もりの中にはめずらしい生きものがたくさんいます　：6 + 3

おまつりにいくと、ひとがたくさんいました　　　　：7 + 1

プールでおよいでいたら、みみに水が入りました　　：4 + 5

うまれたばかりのネコにあいました　　　　　　　　：4 + 3

---

3 （　　　　）

7 （　　　　）

8 （　　　　）

9 （　　　　）（　　　　）（　　　　）

ねん　　くみ

かんじざん　7

文の右にあるけいさんのこたえとおなじかずを下からえらんで、せんが
ひいてあるかんじを下の（　　）にかきましょう。

カメが<u>いし</u>の<u>上</u>でひなたぼっこをしていました　　：2 + 5

<u>かわ</u>でさかなをつりました　　　　　　　　　　　：3 + 2

こうえんにいくと、<u>さき</u>にともだちがきていました：1 + 5

たくさんあるいたので、<u>あし</u>がいたくなりました　：5 + 3

<u>おとこ</u>の子がボールであそんでいました　　　　　：3 + 2

<u>た</u>んぼからカエルのなきごえがします　　　　　　：4 + 2

5（　　　）（　　　　）

6（　　　）（　　　　）

7（　　　）

8（　　　）

___ねん ___くみ

かんじざん ⑧

文の右にあるけいさんのこたえとおなじかずを下からえらんで、せんがひいてあるかんじを下の（　　）にかきましょう。

<u>に</u>ひきのサルがなかよくあそんでいました	: 1 + 4
としょかんで<u>ほん</u>をかりました	: 2 + 1
ほしがきれいでずっと<u>そら</u>を見ていました	: 4 + 6
<u>く</u>さむらであそんでいると、	
ズボンにひっつき虫がつきました	: 5 + 4
<u>とし</u>をとったカメがゆっくりあるいています	: 2 + 5
ともだちは<u>しろ</u>いウサギをかっています	: 6 + 3

3（　　　） 　　9（　　　）（　　　）

5（　　　） 　10（　　　）

7（　　　）

❷　数える

漢字つなぎ

●**子どもにつけて欲しい力**

　答えを効率よく探すことで、ものを数える際に必要な処理するスピード、計画力を向上させます。

●**進め方**

　たて、よこ、ななめで隣り合った2つの漢字の中で2字熟語になるものを見つけて〇で囲み下の（　　　）に書いてもらいます。

●**ポイント**

・効率よく熟語を探すには、上段から下段の順に、左から右方向（右の例だと「耳」から「空」の方向）に熟語になるものを探していくことを伝えましょう。

・2字熟語の組合せは下→上方向や右→左方向にもありますので色んな方向で見つけていきましょう。

●**留意点**

・マス目が3×3だと偶然見つけることも可能ですが、マス目が増えてくると次第に困難になってきます。偶然に熟語を見つけることは、漢字つなぎの目的ではありませんので、上段の左端から探すように心がけてもらいましょう。

・まだ知らない熟語であっても漢字辞典で調べるなど次の学習につなげていきましょう。

・この課題は難易度が高めですので、チャレンジ問題といった位置づけです。もし3×3が難しければ、使わない漢字の列と行を線で消して2×2として取り組んでもらってもいいでしょう。

・この課題の計算版が「もっとコグトレ　さがし算60（初級、中級、上級）」（東洋館出版社）ですのでこちらにも取り組んでもらいましょう。

64

取り組み時間：5分　　回数　8回分

例

かんじつなぎ ❷

たて、よこ、ななめのとなりあったかんじを、2つつなげてことばをつくり、○でかこんで下の（　）にかきましょう。

[　夕空　]

[　休日　]

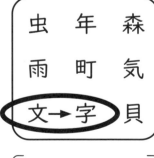
[　文字　]

[　玉子　]

❷ 数える　65

ねん　　くみ

かんじつなぎ　❶

たて、よこ、ななめのとなりあったかんじを、2つつなげてことばを
つくり、○でかこんで下の（　　）にかきましょう。

学	雨	町
校	虫	竹
林	耳	火

[　　　　　]

左	字	村
夕	虫	犬
立	校	町

[　　　　　]

火	円	林
字	早	森
町	右	村

[　　　　　]

森	目	右
火	竹	貝
空	校	手

[　　　　　]

ねん　　くみ

かんじつなぎ ❷

たて、よこ、ななめのとなりあったかんじを、２つつなげてことばを
つくり、○でかこんで下の（　　）にかきましょう。

耳	火	空
森	夕	糸
町	男	千

[　　　　　　]

字	日	休
見	左	円
虫	犬	出

[　　　　　　]

虫	年	森
雨	町	気
文	字	貝

[　　　　　　]

年	林	左
車	町	玉
森	円	子

[　　　　　　]

_____ねん　　_____くみ

かんじつなぎ ❸

たて、よこ、ななめのとなりあったかんじを、2つつなげてことばをつくり、○でかこんで下の（　　）にかきましょう。

入	学	虫
森	左	犬
車	円	女

[　　　　　　]

左	年	森
音	花	出
手	右	空

[　　　　　　]

田	文	円
校	犬	糸
森	花	見

[　　　　　　]

出	休	本
空	口	虫
王	左	年

[　　　　　　]

_____ねん　_____くみ

かんじつなぎ　❹

たて、よこ、ななめのとなりあったかんじを、２つつなげてことばを
つくり、○でかこんで下の（　　　）にかきましょう。

男	竹	土
貝	字	火
立	左	力

[　　　　　]

気	虫	土
円	目	月
雨	犬	子

[　　　　　]

月	字	火
口	林	川
早	百	左

[　　　　　]

水	田	目
校	火	音
雨	右	林

[　　　　　]

ねん　　くみ

かんじつなぎ ❺

たて、よこ、ななめのとなりあったかんじを、2つつなげてことばを
つくり、○でかこんで下の（　　）にかきましょう。

土	火	糸
月	耳	入
村	手	気

[　　　　　　　]

音	月	四
町	森	右
竹	土	女

[　　　　　　　]

糸	見	右
休	田	森
気	入	学

[　　　　　　　]

天	耳	九
字	雨	火
石	左	町

[　　　　　　　]

_____ ねん　　くみ _____

かんじつなぎ ❻

たて、よこ、ななめのとなりあったかんじを、2つつなげてことばを
つくり、○でかこんで下の（　　）にかきましょう。

貝	足	耳
校	王	森
子	円	竹

〔　　　　　　　〕

左	足	虫
文	夕	林
火	犬	川

〔　　　　　　　〕

校	石	小
字	天	先
左	男	林

〔　　　　　　　〕

人	虫	土
左	村	夕
火	森	文

〔　　　　　　　〕

ねん　　くみ

かんじつなぎ　7

たて、よこ、ななめのとなりあったかんじを、2つつなげてことばをつくり、○でかこんで下の（　　）にかきましょう。

右	森	入
校	口	見
円	王	雨

[　　　　　　]

虫	森	目
学	村	校
見	糸	火

[　　　　　　]

男	町	校
字	左	水
火	村	車

[　　　　　　]

耳	右	竹
虫	森	土
字	左	見

[　　　　　　]

＿＿＿＿＿＿＿　ねん　＿＿＿＿＿＿＿　くみ

かんじつなぎ　❽

たて、よこ、ななめのとなりあったかんじを、２つつなげてことばを
つくり、○でかこんで下(した)の（　　　）にかきましょう。

車	円	字
校	村	学
空	左	年

[　　　　　　　]

本	耳	火
林	男	土
虫	足	森

[　　　　　　　]

右	休	女
犬	天	田
出	字	左

[　　　　　　　]

右	雨	火
学	町	左
生	夕	千

[　　　　　　　]

❸写す

❸ 写す
点つなぎ

●子どもにつけて欲しい力

ものを正確に写す力といった視覚認知の基礎力を向上させることで漢字の形態を正しく認識する力や、手先の微細運動、視覚と手先運動との協応の力などを養います。

●進め方

上段の見本を見ながら、下段に写します。定規は使わずフリーハンドで行います。

●ポイント

・取り組み時間を気にせずゆっくり確実に写してもらいましょう。

・点と点を結ぶ線が歪んでいても、正しくつなごうとしていることが分かれば正解とします。

・できるだけ消しゴムを使わないで最初から正確に書いてみるよう注意を促しましょう。

●留意点

・ここでは漢字の習得よりも正確に写す力を養うことを目的としていますので、それぞれの学年で習う漢字よりも1学年上の漢字を使用しています。

・どうしても定規を使いたがる子どもがいますが、漢字を書くのに定規を使わないのと同様に下手でもいいので定規は使わないよう伝えます。

・もし正確に写せていなければ、すぐに正解を教えるのではなくどこが間違っているのかを見つけてもらいましょう。3回やらせて見つけられなければ正解を教えて、後日、再トライさせると効果的です。

・点上に漢字が配置されるため、漢字の形態が必ずしも正確でないことがあります。ここでの目的は写す力をつけることですので、時間に余裕があれば正確な漢字形態を教科書などで確認してもらいましょう。

・この課題が難しいようであれば、もっとやさしい課題からスタートさせましょう（「やさしいコグトレ」（三輪書店）点つなぎなど）。

取り組み時間：5分　　回数　8回分

例

てんつなぎ ①

①にかかれているかんじとおなじように、
②にてんをつないでかんじをかきうつしましょう。

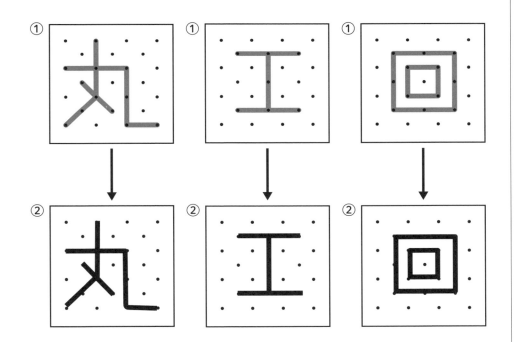

❸ 写す

ねん　　　くみ

てんつなぎ ❶

①にかかれているかんじとおなじように、
②にてんをつないでかんじをかきうつしましょう。

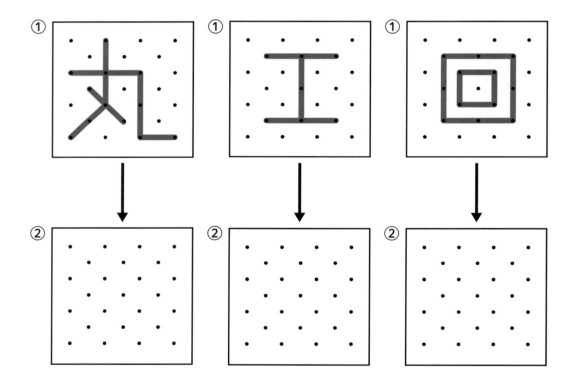

ねん　　　くみ

てんつなぎ ❷

①にかかれているかんじとおなじように、
②にてんをつないでかんじをかきうつしましょう。

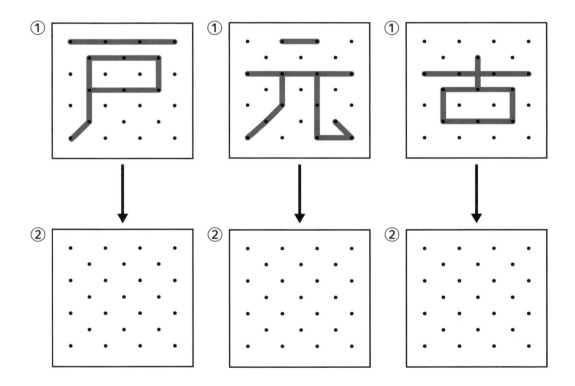

ねん　　くみ _____

てんつなぎ ❸

①にかかれているかんじとおなじように、
②にてんをつないでかんじをかきうつしましょう。

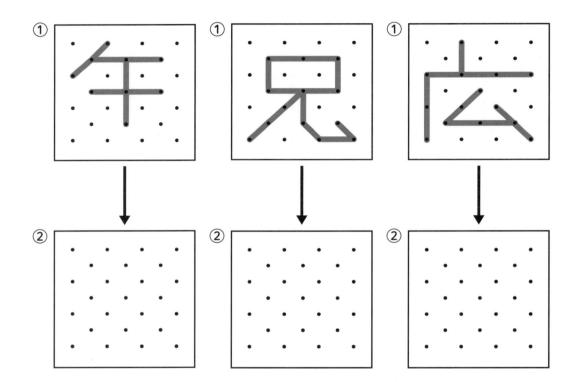

ねん　　くみ

てんつなぎ ❹

①にかかれているかんじとおなじように、
②にてんをつないでかんじをかきうつしましょう。

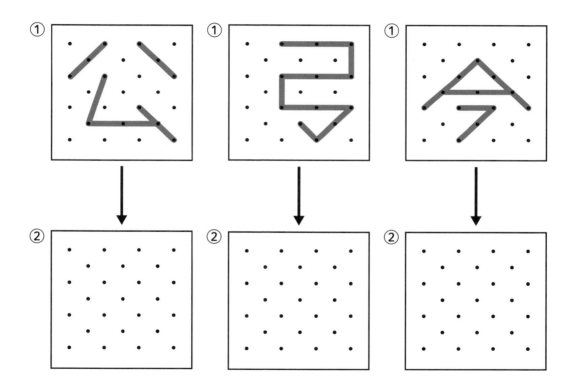

ねん　　くみ

てんつなぎ ❺

①にかかれているかんじとおなじように、
②にてんをつないでかんじをかきうつしましょう。

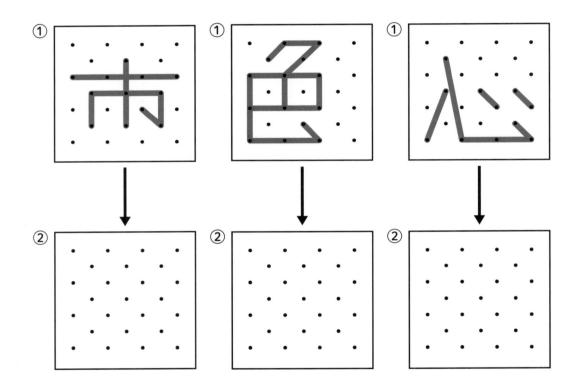

ねん　　くみ

てんつなぎ ❻

①にかかれているかんじとおなじように、
②にてんをつないでかんじをかきうつしましょう。

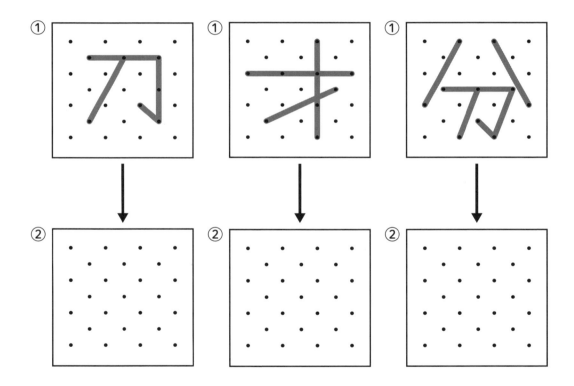

ねん　　くみ

てんつなぎ ❼

①にかかれているかんじとおなじように、
②にてんをつないでかんじをかきうつしましょう。

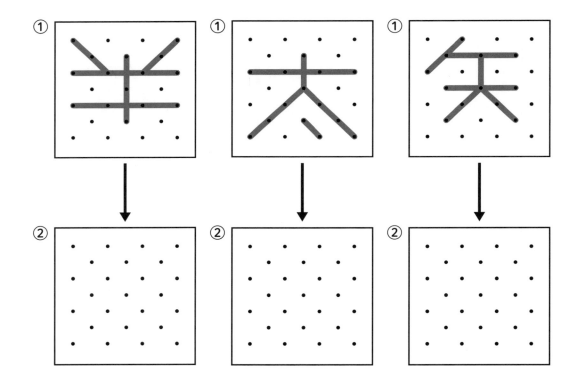

ねん　　くみ

てんつなぎ ❽

①にかかれているかんじとおなじように、
②にてんをつないでかんじをかきうつしましょう。

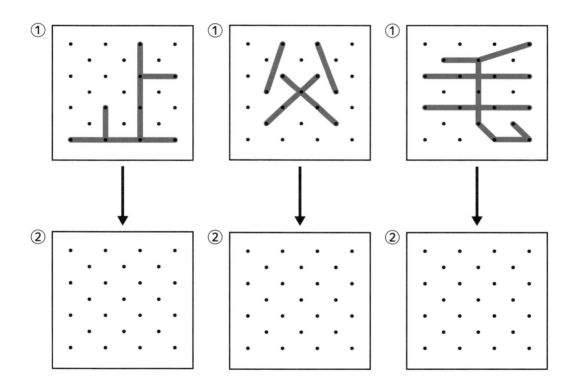

❸　写す

くるくる漢字

●**子どもにつけて欲しい力**
　角度が変わっても同じ形であることを認識する力、論理性、心的回転の力を養います。

●**進め方**
　上の○の中の漢字を見ながら、下の○に中に正しい方向で写します。小学1年生用では上
の○の漢字が何であるかを認識して下の○の中に写します。

●**ポイント**
　・上の○の中にある漢字がまず何であるかに気づくことが大切です。

●**留意点**
　・何の漢字か気づかなければ紙を回転させてあげましょう。文字のフォントにはこだわらず
　　正しい漢字を下に書ければ正解とします。

例

くるくるかんじ ❶

上とおなじかんじになるように、下の○に正しいむきでかんじをかきましょう。

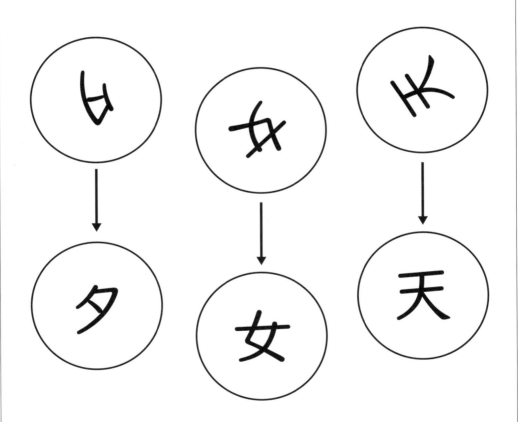

❸ 写す

ねん　　くみ _____

くるくるかんじ ①

上（うえ）とおなじかんじになるように、下（した）の○に正（ただ）しいむきでかんじをかきましょう。

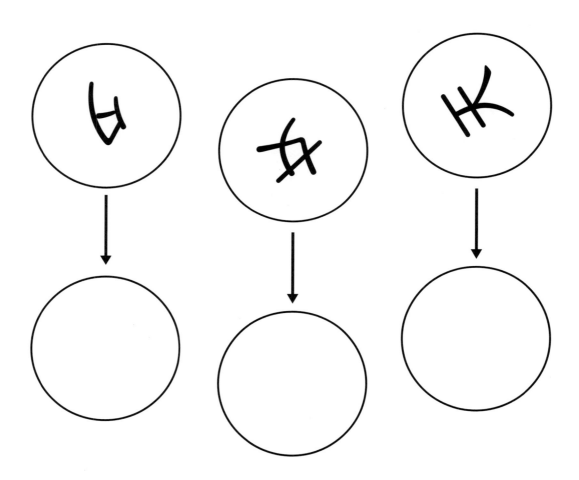

ねん　　くみ
_____

くるくるかんじ ❷

上（うえ）とおなじかんじになるように、下（した）の○に正（ただ）しいむきでかんじをかきましょう。

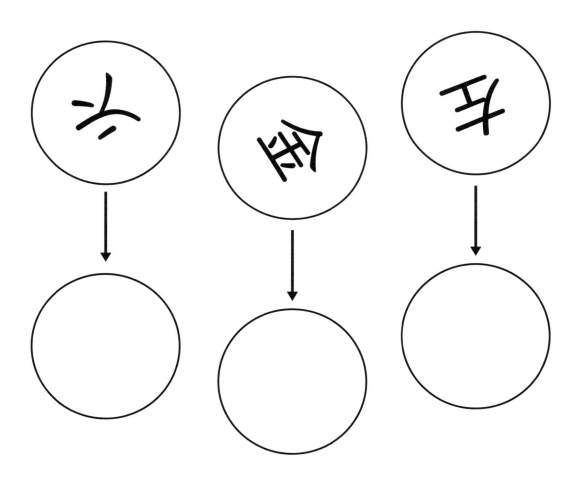

ねん　　くみ

くるくるかんじ ❸

上とおなじかんじになるように、下の○に正しいむきでかんじをかきましょう。

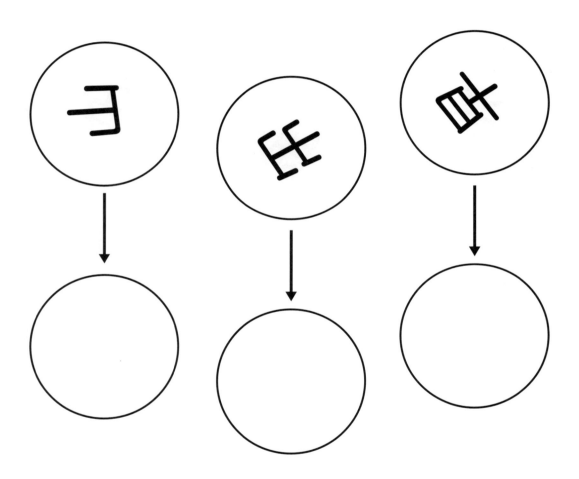

ねん　くみ

くるくるかんじ ❹

上とおなじかんじになるように、下の○に正しいむきでかんじをかきましょう。

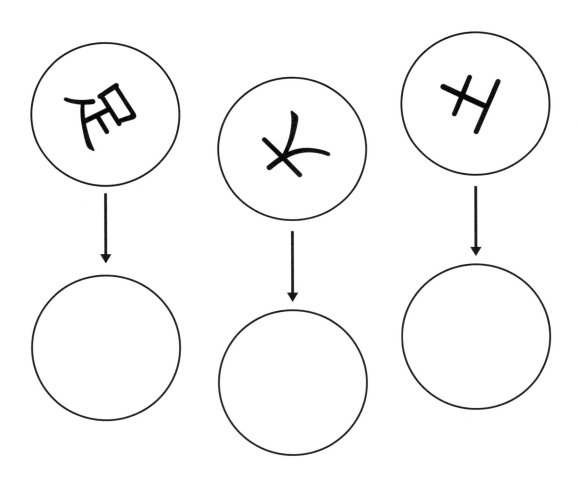

ねん　　くみ _____

くるくるかんじ ❺

上(うえ)とおなじかんじになるように、下(した)の○に正(ただ)しいむきでかんじをかきましょう。

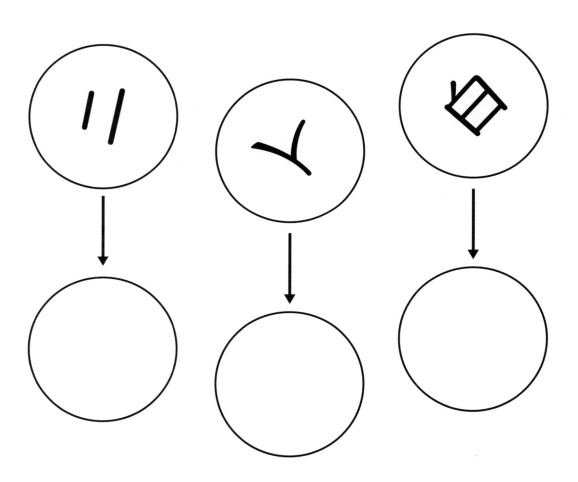

ねん　　くみ

くるくるかんじ ❻

上(うえ)とおなじかんじになるように、下(した)の○に正(ただ)しいむきでかんじをかきましょう。

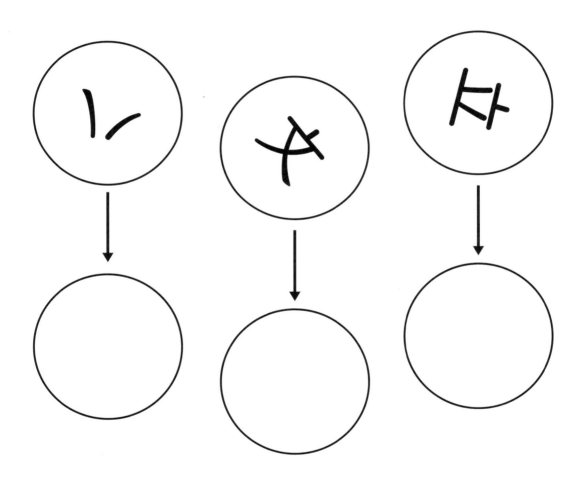

ねん　　くみ

くるくるかんじ ７

上とおなじかんじになるように、下の○に正しいむきでかんじをかきましょう。

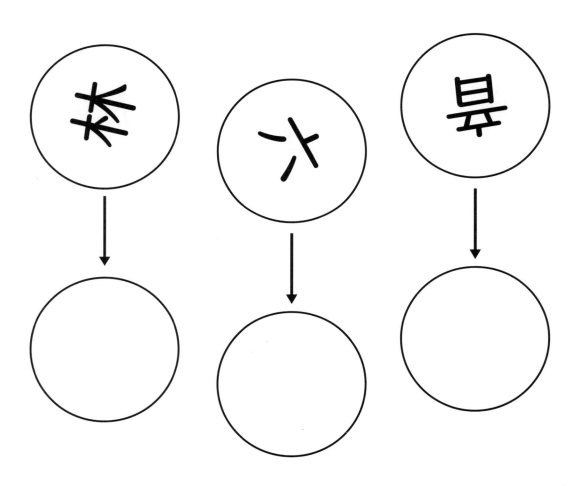

くるくるかんじ ❽

上とおなじかんじになるように、下の○に正しいむきでかんじをかきましょう。

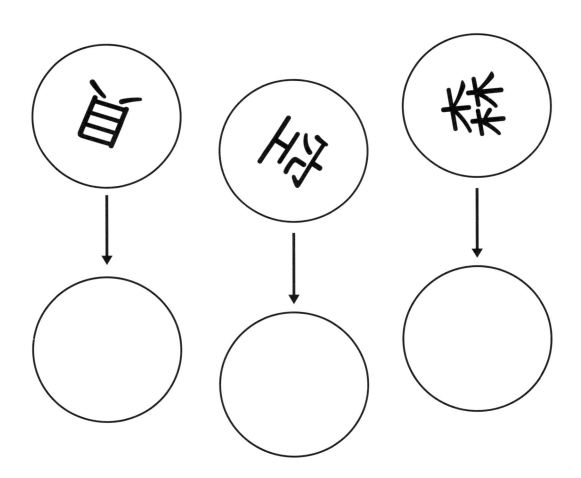

❸ 写す
鏡・水面漢字

●子どもにつけて欲しい力
　漢字を鏡像や水面像に置き換え、位置関係を理解する力、想像しながら正確に写す力を養います。

●進め方
　鏡と水面に何かの漢字が映っているので、それを想像して正しい漢字を空欄に書き直します。

●ポイント
・何の漢字か分かれば、それを正しく枠に書くだけですので比較的容易ですが、できるだけ鏡像、水面像と同じようになるよう書いてもらいましょう。
・もし漢字が分からない場合は実際に鏡を使って何の漢字か理解してもらいましょう。

●留意点
・もしこの課題が簡単に感じるようであれば「とめ」「はらい」などの位置も正確に写すことにもチャレンジしてみましょう。

取り組み時間：5分　　回数　8回分

例

かがみ・すいめんかんじ １

かがみやすいめんにうつったかんじを、正しくかきましょう。

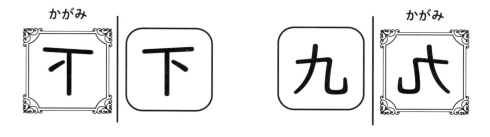

❸ 写す

ねん　　　くみ

かがみ・すいめんかんじ ①

かがみやすいめんにうつったかんじを、正しくかきましょう。

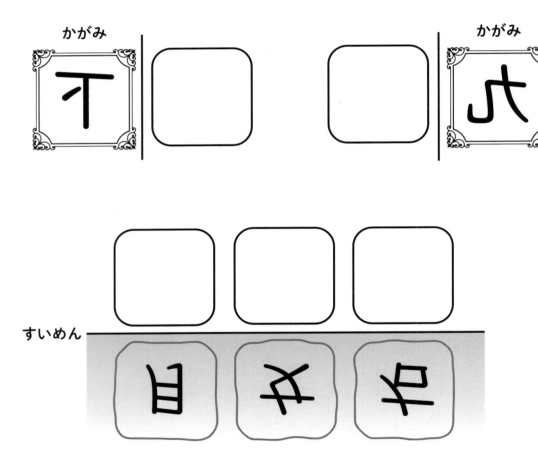

ねん　　くみ

かがみ・すいめんかんじ ❷

かがみやすいめんにうつったかんじを、正しくかきましょう。

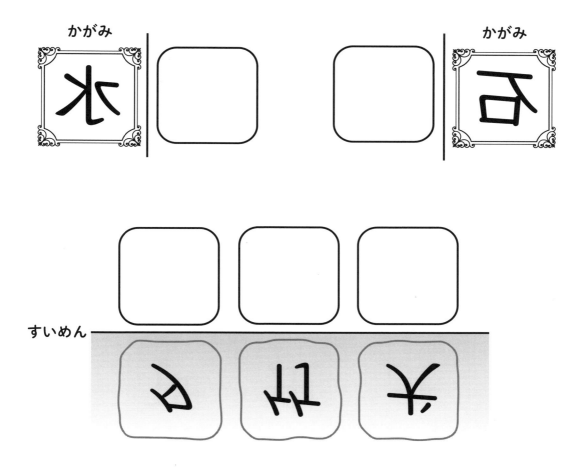

ねん　くみ

かがみ・すいめんかんじ ❸

かがみやすいめんにうつったかんじを、正しくかきましょう。

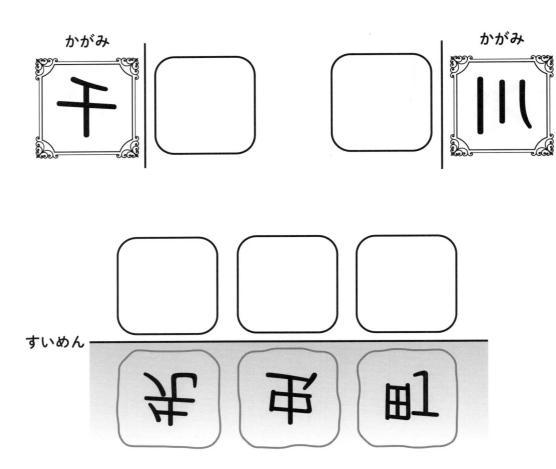

ねん　　くみ

かがみ・すいめんかんじ ❹

かがみやすいめんにうつったかんじを、正（ただ）しくかきましょう。

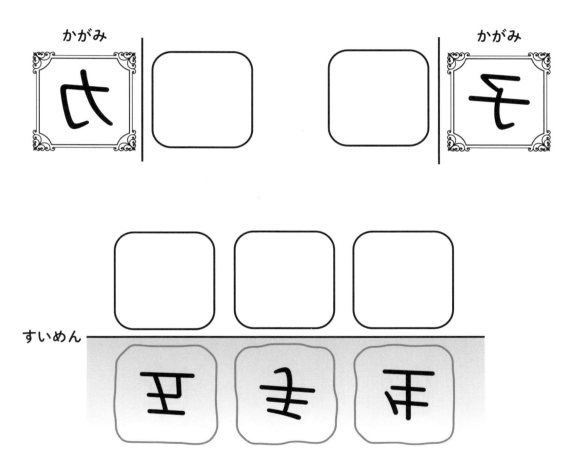

ねん　　くみ _____

かがみ・すいめんかんじ ❺

かがみやすいめんにうつったかんじを、正しくかきましょう。

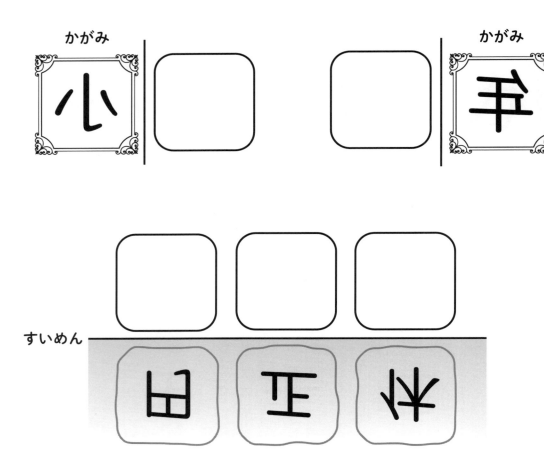

ねん　くみ

かがみ・すいめんかんじ ❻

かがみやすいめんにうつったかんじを、正しくかきましょう。

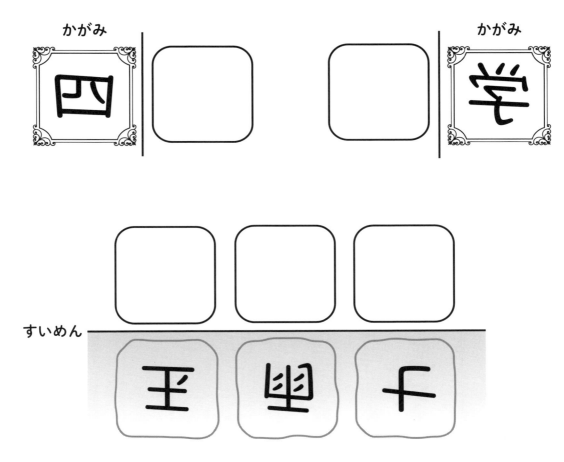

ねん　くみ

かがみ・すいめんかんじ ❼

かがみやすいめんにうつったかんじを、正しくかきましょう。

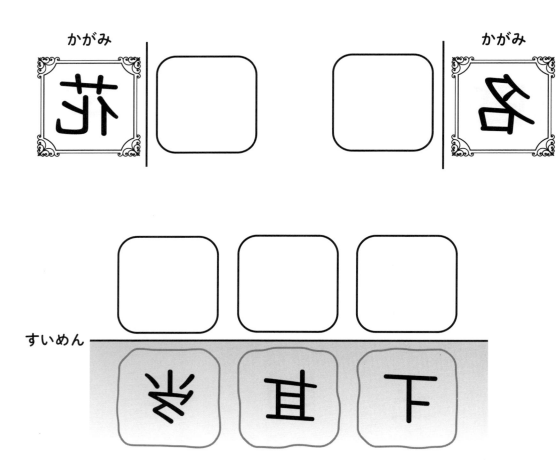

ねん　くみ

かがみ・すいめんかんじ ❽

かがみやすいめんにうつったかんじを、正しくかきましょう。

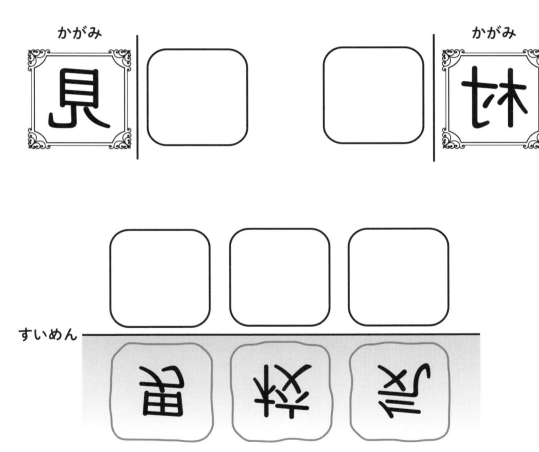

❹ 見つける

❹ 見つける

漢字さがし

●子どもにつけて欲しい力
　不規則に並んだ点群の中からある特定の形を見つけることで形の輪郭を認識できる力を養います。

●進め方
　上に示された漢字の輪郭をかたどった点配列を下の点群の中から探し、線で結びます。

●ポイント
　・対象となる配列の個数が問題に書いてありますので、すべて見つかるまで探してもらいましょう。
　・わかりにくければ最初の一つを線で結んで見本を見せてあげましょう。

●留意点
　・ターゲットの漢字がほとんど見つけられず、この課題が難しいようであれば黒板を写したりすることも困難であることが推測されます。もっとやさしい課題から取り組ませましょう。（「やさしいコグトレ」（三輪書店）形さがしなど）。

取り組み時間：5分　　回数　8回分

例

かんじさがし ❶

下のてんの中に「∴」が5つあります。見つけて「山」のようにせんでむすびましょう。

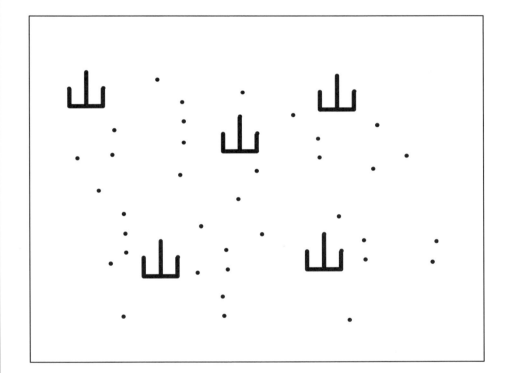

❹ 見つける

_____　ねん　　くみ_____

かんじさがし　**1**

下のてんの中に「∴」が５つあります。見つけて「山」のようにせんでむすびましょう。

ねん　　くみ

かんじさがし ❷

下のてんの中に「⠿」が５つあります。見つけて「目」のようにせんでむすびましょう。

ねん　　くみ

かんじさがし　❸

下のてんの中に「∵∴」が５つあります。見つけて「⊞」のようにせんでむすびましょう。

ねん　　くみ

かんじさがし　❹

下のてんの中に「∴∷」が５つあります。見つけて「正」のようにせんでむすびましょう。

ねん　　くみ

かんじさがし　5

下のてんの中に「∴∴」が5つあります。見つけて「目」のようにせんでむすびましょう。

ねん　　くみ

かんじさがし ❻

下のてんの中に「⁚⁚⁚」が５つあります。見つけて「王」のようにせんでむすびましょう。

ねん　　くみ

かんじさがし　⑦

下のてんの中に「∵∴」が5つあります。見つけて「中」のようにせんでむすびましょう。

ねん　　くみ

かんじさがし ❽

下のてんの中に「∴」が５つあります。見つけて「土」のようにせんでむすびましょう。

❹ 見つける
かさなり漢字

●子どもにつけて欲しい力

あるまとまった形の中から一部の形を抽出していくことで、形の構成を理解する力など図形思考を養います。

●進め方

左に提示された漢字を作るのに使われない部品を右の4つの中から一つ選び、〇で囲みます。

●ポイント

・この問題に答えるには、右の部品が左の漢字のどこに隠れているかを探していく方法、右の部品をどのように組み立てて左の漢字を作っていくかを考える方法などがありますが、最初は、右の部品が左の漢字のどこに隠れているかを考えてもらいましょう。分かりにくければ左の漢字の中で対応する部品を一つずつ赤鉛筆でなぞってもらってもいいでしょう。

●留意点

・見つけ方は発達の度合いによって、①全体から部品を見つけていく、②部品から全体を作っていく、③全体を見てどうしてこの部品が必要なのか不要なのかを考える、といった順に高度になっていきます。子どもがどの発達段階なのかを知り、慣れてくればより高度な方法で見つけるよう促していきましょう。

・この課題が難しければ、もっとやさしい課題から取り組みましょう。（「やさしいコグトレ」形さがし、点つなぎ（三輪書店）など）。

取り組み時間：5分　　回数　8回分

例

かさなりかんじ ❶

左のかんじをつくるのに、右のなかでつかわないものを1つえらんだら ◯でかこみましょう。

❹ 見つける

_ねん　　くみ_

かさなりかんじ　❶

> 左のかんじをつくるのに、右のなかでつかわないものを1つえらんだら
> ◯でかこみましょう。

車	早 十 　 丁 山
金	亼 ̣ 工 キ
五	一 口 　 フ ア

ねん　　くみ

かさなりかんじ ❷

左のかんじをつくるのに、右のなかでつかわないものを１つえらんだら
◯でかこみましょう。

手　　イ　丁
　　　イ　一
　　　　　丁

左　　ナ　土
　　　一　上

糸　　ヒ　イ
　　　ハ　メ

ねん　　くみ

かさなりかんじ ❸

左のかんじをつくるのに、右のなかでつかわないものを１つえらんだら
◯でかこみましょう。

ねん　くみ

かさなりかんじ ④

左のかんじをつくるのに、右のなかでつかわないものを１つえらんだら
◯でかこみましょう。

ねん　　くみ

かさなりかんじ ❺

左のかんじをつくるのに、右のなかでつかわないものを１つえらんだら
◯でかこみましょう。

雨　｜　二　冂　十　木

火　｜　人　八　丶　入

年　｜　⺈　臼　⺅　十

ねん　　くみ

かさなりかんじ　❻

左のかんじをつくるのに、右のなかでつかわないものを１つえらんだら
◯でかこみましょう。

男

ク
十
ロ
カ

学

⺌
⺍
ナ
⺍

休

イ
亻
木
オ

ねん　　くみ

かさなりかんじ ❼

> 左のかんじをつくるのに、右のなかでつかわないものを１つえらんだら
> ◯でかこみましょう。

気

ノ　　　ト
し　　　二

玉

二　　　ト
上　　　、

空

エ　　　ハ
ワ　　　土

ねん　　くみ

かさなりかんじ ❽

左のかんじをつくるのに、右のなかでつかわないものを１つえらんだら
◯でかこみましょう。

❹　見つける

違いはどこ？

●**子どもにつけて欲しい力**

　２枚の絵の違いを考えることで、視覚情報の共通点や相違点を把握する力や観察力を養います。

●**進め方**

　左右の絵で違うところを３つまたは４つ見つけ、〇で囲みます。

●**ポイント**

　・違いは漢字だけではありませんが、まずは左右で漢字が同じかを確認してもらいましょう。
　・形の違いだけでなく位置関係の違いなどにも注意してもらいましょう。

●**留意点**

　・これの課題が難しければ、次の「同じ絵はどれ？」はより難しくなりますので、この課題が確実にできるまで練習しましょう。
　・時間内にできない子どもがいても終わりの会までに見つけるなど、能力に応じて答えを伝えるよう配慮してあげましょう。

128

取り組み時間：5分　　回数　4回分

例

ちがいはどこ？ ①

上と下のえで、ちがうところが4つあります。ちがいはかんじだけではありません。ちがうばしょを見つけたら、○でかこみましょう。

❹ 見つける

ねん　くみ

ちがいはどこ？ ❶

上と下のえで、ちがうところが4つあります。ちがいはかんじだけではありません。ちがうばしょを見つけたら、◯でかこみましょう。

ねん　　　くみ

ちがいはどこ？ ❷

上と下のえで、ちがうところが３つあります。ちがいはかんじだけではありません。ちがうばしょを見つけたら、○でかこみましょう。

ねん　くみ

ちがいはどこ？ ❸

上と下のえで、ちがうところが３つあります。ちがいはかんじだけではありません。ちがうばしょを見つけたら、○でかこみましょう。

___ねん　___くみ

ちがいはどこ？ ❹

上と下のえで、ちがうところが３つあります。ちがいはかんじだけではありません。ちがうばしょを見つけたら、○でかこみましょう。

❹ 見つける

同じ絵はどれ？

●子どもにつけて欲しい力

　複数の絵の中から2枚の同じ絵を見つけ出すことで、視覚情報の共通点や相違点を把握する力や観察力を養います。

●進め方

　複数の絵の中にまったく同じ絵が2枚あります。その2枚を見つけ、（　　　）に番号を書いてもらいます。

●ポイント

・違いは漢字だけではないので絵全体を見てみましょう。

・ある2枚の絵を比べ、その中で一つの違いを見つけると、少なくともどちらかの絵が間違っていることになります。さらに、それぞれの2枚が他の絵と違いはないかという具合に順に比べていくといいでしょう。

・他の絵との違いを〇で囲んでいくと、候補を減らすことができ、より容易になります。

・明らかに違う絵（例えば右の例では、③の「正月」の漢字）を見つけ、〇をつけて、見つける対象となる絵をいかに減らしていくかが大切です。

●留意点

・最初から2枚をやみくもに見つけようとすると、混乱して時間もかかります。効率よく探すにはどうすればいいか、方略を考えさせるといいでしょう。

・時間内にできない子どもがいても終わりの会までに見つけるなど、能力に応じて答えを伝えるよう配慮してあげましょう。

134

取り組み時間：5分　　回数　4回分

例

おなじえはどれ？ ❶

下の6まいのえの中から、おなじえを2まいえらびましょう。ちがいはかんじだけではありません。

おなじえは [①] と [⑤]

❹ 見つける

ねん　　くみ

おなじえはどれ？ ❶

下の6まいのえの中から、おなじえを2まいえらびましょう。ちがいは
かんじだけではありません。

① 五月
4	5
みどりの日	子どもの日
11	12

② 五月
4	5
みどりの日	子どもの目
11	12

③ 正月
4	5
みどりの日	子どもの日
11	12

④ 五月
4	5
みどりの日	小どもの日
11	12

⑤ 五月
4	5
みどりの日	子どもの日
11	12

⑥ 五月
4	5
みどりの日	子どもの日
11	12

おなじえは 〔　　　〕と〔　　　〕

ねん　　くみ _____

おなじえはどれ？ ❷

下の6まいのえの中から、おなじえを2まいえらびましょう。ちがいは
かんじだけではありません。

おなじえは [　　] と [　　]

_____ ねん　　くみ

おなじえはどれ？ ❸

下の6まいのえの中から、おなじえを2まいえらびましょう。ちがいはかんじだけではありません。

おなじえは [　　] と [　　]

ねん　　くみ

おなじえはどれ？ ❹

下の6まいのえの中から、おなじえを2まいえらびましょう。ちがいはかんじだけではありません。

おなじえは ［　　］ と ［　　］

❹ 見つける

回転漢字

●子どもにつけて欲しい力

　形を心の中で回転させ、正しい組み合わせを見つけていくことで図形の方向弁別や方向の類同視の力を養っていきます。

●進め方

　左右にバラバラに並べられた漢字の部品を線でつないで正しい漢字を作り、下の枠の中に書きます。

●ポイント

・先にやさしい組み合わせを見つけて、使ったものに×をつけて消していくと組み合わせが減りますのでより簡単に見つけやすくなります。（1 組見つけると残りの組み合わせは 2 通りしかありません）

●留意点

・この課題が難しく感じるようであれば支援者が部品だけ正しい方向に回転させて横に書いてあげ正しい組み合わせを選んでもらってもいいでしょう。

・漢字を習っていない場合は、最初から枠の中に正しい漢字を書いておき、それらの漢字を作るための正しい組み合わせを選んで線でつなぐところから始めてもいいでしょう。

・それでも難しければもっとやさしい課題から取り組ませましょう。（「コグトレ　みる・きく・想像するための認知機能強化トレーニング」（三輪書店）回転パズル①など）。

140

| 取り組み時間 | ：5分　　| 回数 | 8回分

例

かいてんかんじ ①

左右をつなげると、1つのかんじができあがります。せんでむすんだら、できたかんじを下にかきましょう。

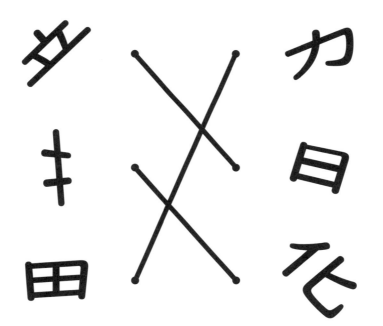

❹ 見つける

ねん　　くみ

かいてんかんじ ①

左右をつなげると、1つのかんじができあがります。せんでむすんだら、できたかんじを下にかきましょう。

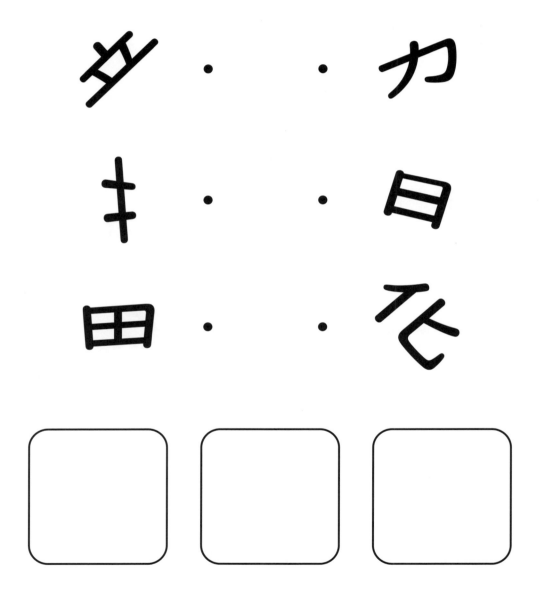

ねん　　くみ

かいてんかんじ　2

左右（さゆう）をつなげると、1 つのかんじができあがります。せんでむすんだら、
できたかんじを下（した）にかきましょう。

___ ねん ___ くみ ___

かいてんかんじ ❸

左右(さゆう)をつなげると、1つのかんじができあがります。せんでむすんだら、できたかんじを下(した)にかきましょう。

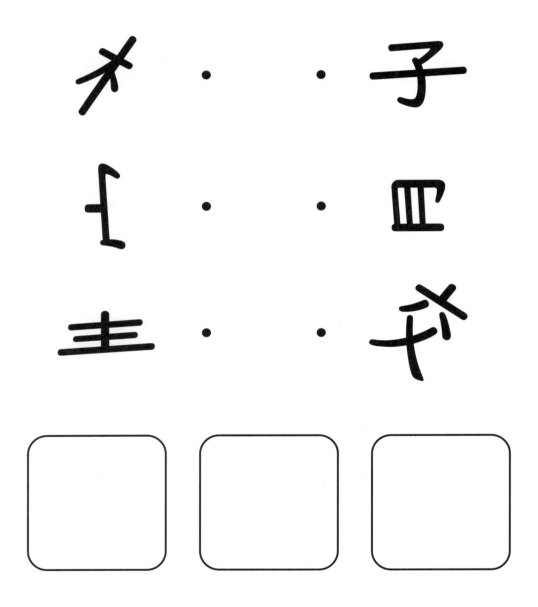

ねん	くみ

かいてんかんじ ❹

左右(さゆう)をつなげると、1つのかんじができあがります。せんでむすんだら、できたかんじを下(した)にかきましょう。

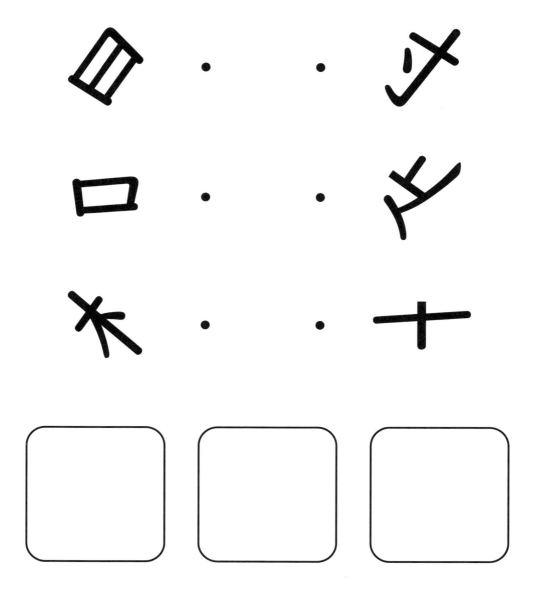

ねん　くみ

かいてんかんじ ❺

左右(さゆう)をつなげると、1つのかんじができあがります。せんでむすんだら、できたかんじを下(した)にかきましょう。

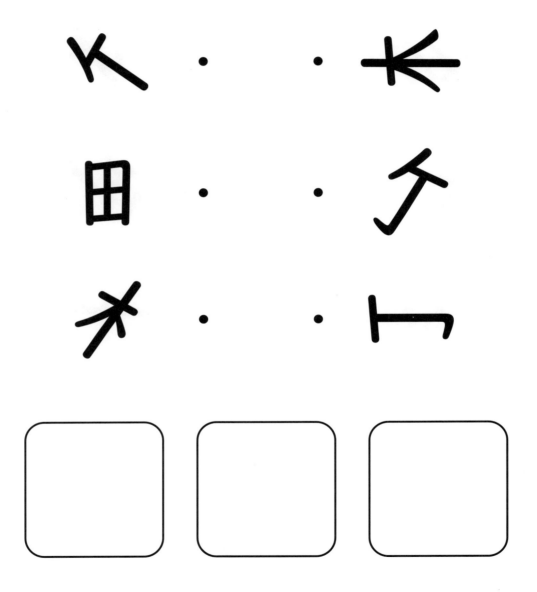

_____ねん　　くみ_____

かいてんかんじ　❻

左右（さゆう）をつなげると、１つのかんじができあがります。せんでむすんだら、
できたかんじを下（した）にかきましょう。

ねん　　くみ

かいてんかんじ　❼

左右をつなげると、1つのかんじができあがります。せんでむすんだら、
できたかんじを下にかきましょう。

___ねん　　___くみ_____

かいてんかんじ ❽

左右(さゆう)をつなげると、1つのかんじができあがります。せんでむすんだら、できたかんじを下(した)にかきましょう。

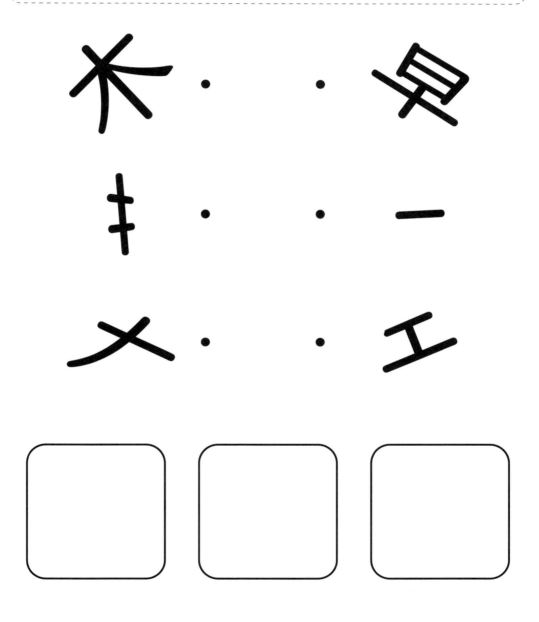

❺想像する

❺　想像する

スタンプ漢字

●**子どもにつけて欲しい力**
　スタンプを押すとどうなるかを考えることで鏡像をイメージする力や論理性を養います。

●**進め方**
　上のスタンプを押すと、下のうちどれになるかを想像して（　　　）に正しい番号を書きます。

●**ポイント**
　・スタンプは元の図の鏡像になりますので、分からなければ上のスタンプの横に実際に鏡を置いて確認させましょう。
　・下の選択肢の中から明らかに違うと思われる漢字に×をつけて消していくと考えやすくなります。

●**留意点**
　・スタンプから直接、何の漢字かが分かれば鏡像をイメージしなくても正しい答えを選べますが、複雑になってくると難しくなりますのでできるだけ形から考えるよう促しましょう。
　・まだスタンプの漢字を習っていなければ難しく感じるかもしれません。もしこの課題が難しようであれば、もっとやさしい課題から取り組ませましょう。（「やさしいコグトレ」（三輪書店）スタンプなど）。

152

取り組み時間：5分　回数　8回分

例

スタンプかんじ ❶

上のスタンプをかみにおすと出てくるかんじはどれか、えらんで（　）にばんごうをかきましょう。

（ 3 ）

（ 1 ）

（ 9 ）

① 生　② 狄　③ 先
④ 朩　⑤ 武　⑥ 玉
⑦ 主　⑧ 林　⑨ 校

❺ 想像する　153

ねん　くみ

スタンプかんじ ❶

上のスタンプをかみにおすと出てくるかんじはどれか、えらんで（　）にばんごうをかきましょう。

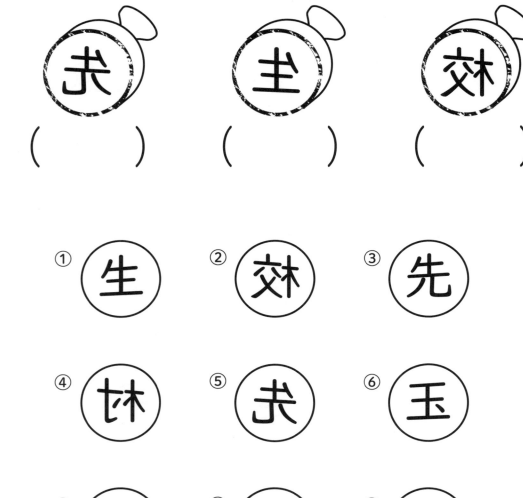

ねん　　くみ

スタンプかんじ ❷

上のスタンプをかみにおすと出てくるかんじはどれか、えらんで（　）にばんごうをかきましょう。

（　）　　　　（　）　　　　（　）

① 五　② 村　③ 式
④ 枺　⑤ 九　⑥ 朴
⑦ 正　⑧ 生　⑨ 先

ねん　　　くみ
_____

スタンプかんじ ❸

上のスタンプをかみにおすと出てくるかんじはどれか、えらんで（　）にばんごうをかきましょう。

（　）　　　（　）　　　（　）

① 名　　② 囲　　③ 中

④ 石　　⑤ 虫　　⑥ 名

⑦ 町　　⑧ タ　　⑨ 虫

ねん　　くみ
_____

スタンプかんじ ❹

上のスタンプをかみにおすと出てくるかんじはどれか、えらんで（　　）にばんごうをかきましょう。

（　　）　　　（　　）　　　（　　）

① 草　② 学　③ 丁

④ 字　⑤ 下　⑥ 艹

⑦ 花　⑧ 千　⑨ 宀

ねん　くみ

スタンプかんじ ❺

上のスタンプをかみにおすと出てくるかんじはどれか、えらんで（　）にばんごうをかきましょう。

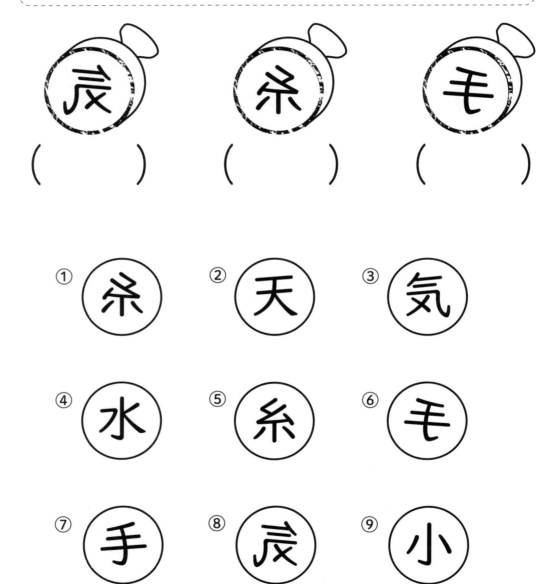

ねん　　くみ
_____

スタンプかんじ ❻

上のスタンプをかみにおすと出てくるかんじはどれか、えらんで（　）
にばんごうをかきましょう。

（　）　　　（　）　　　（　）

① 女　② 水　③ 石

④ 右　⑤ 石　⑥ 草

⑦ 赤　⑧ 女　⑨ 赤

_____ ねん　　くみ

スタンプかんじ ７

上のスタンプをかみにおすと出てくるかんじはどれか、えらんで（　）にばんごうをかきましょう。

（　）　　（　）　　（　）

① 年　② 人　③ 竹

④ 人　⑤ 先　⑥ 军

⑦ 竹　⑧ 入　⑨ 大

ねん	くみ

スタンプかんじ ❽

上のスタンプをかみにおすと出てくるかんじはどれか、えらんで（　）にばんごうをかきましょう。

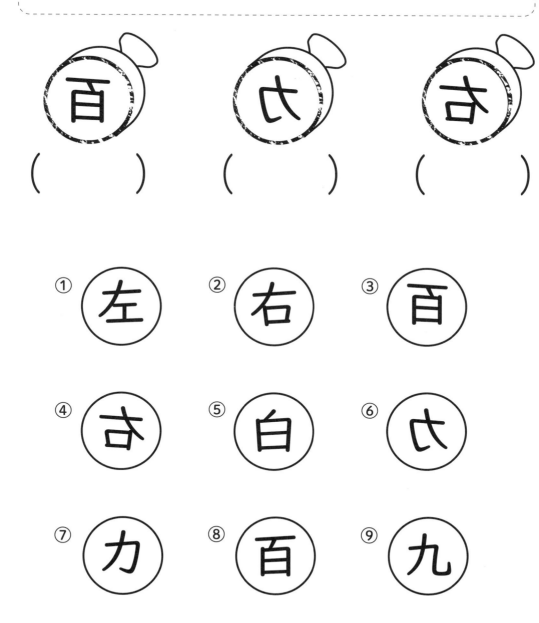

❺ 想像する

心で回転

●**子どもにつけて欲しい力**

　対象物を違った方向から見たらどう見えるかを想像することで心的回転の力や相手の立場になって考える力を養います。

●**進め方**

　上段の動物たちとあなたに囲まれた机の上に置かれた漢字は、周りの動物から見たらどう見えるかを想像して正しい組み合わせを考え線でつなぎます。

●**ポイント**

・子どもが問題の意図をイメージできなければ、実際に紙に漢字を書いて机に置き、動物と同じ位置に動いてもらって確かめさせるといいでしょう。

・選択肢の漢字を回転させても正しい漢字にならないものもありますので、そこから明らかに違うものを除外できます。

●**留意点**

・回転する角度（サルやトリは 90 度でネコは 180 度）が高いほど難易度は高くなりますので、正面のネコよりもサルやトリからイメージした方がわかりやすいでしょう。

・この課題が難しければ、もっとやさしい課題から取り組ませましょう。（「コグトレ　みる・きく・想像するための認知機能強化トレーニング」こころで回転①（三輪書店）など）。

162

取り組み時間：5分　回数　8回分

例

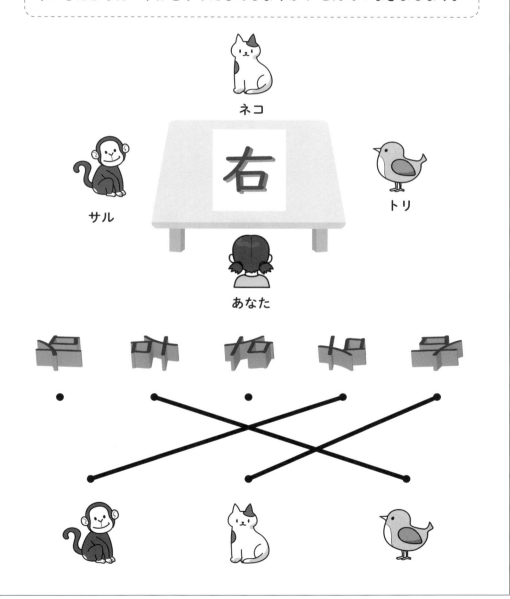

ねん　くみ

こころでかいてん ①

あなたのまえに、かんじのカードがあります。サルさん、トリさん、ネコさんからカードはどうみえるでしょうか？せんでつなぎましょう。

ねん　　　くみ

こころでかいてん ❷

あなたのまえに、かんじのカードがあります。サルさん、トリさん、ネコさんからカードはどうみえるでしょうか？せんでつなぎましょう。

ねん　　くみ

こころでかいてん ③

あなたのまえに、かんじのカードがあります。サルさん、トリさん、ネコさんからカードはどうみえるでしょうか？ せんでつなぎましょう。

ねん　くみ

こころでかいてん ④

あなたのまえに、かんじのカードがあります。サルさん、トリさん、ネコさんからカードはどうみえるでしょうか？ せんでつなぎましょう。

ねん　　くみ

こころでかいてん ❺

あなたのまえに、かんじのカードがあります。サルさん、トリさん、ネコさんからカードはどうみえるでしょうか？ せんでつなぎましょう。

_____ねん _____くみ

こころでかいてん ❻

あなたのまえに、かんじのカードがあります。サルさん、トリさん、ネコさんからカードはどうみえるでしょうか？せんでつなぎましょう。

ねん　　　くみ

こころでかいてん ７

あなたのまえに、かんじのカードがあります。サルさん、トリさん、ネコさんからカードはどうみえるでしょうか？ せんでつなぎましょう。

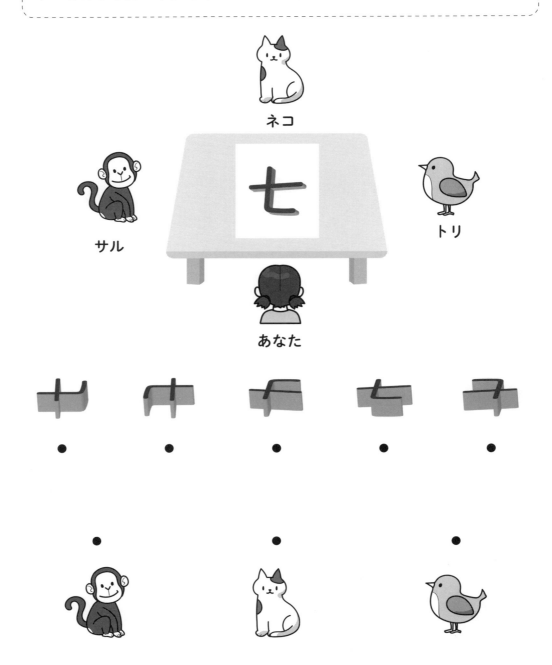

こころでかいてん ❽

あなたのまえに、かんじのカードがあります。サルさん、トリさん、ネコさんからカードはどうみえるでしょうか？ せんでつなぎましょう。

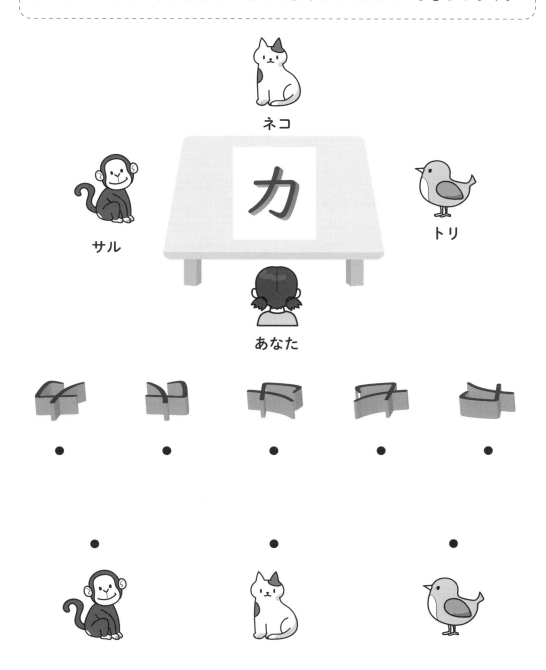

❺ 想像する

順位決定戦

●子どもにつけて欲しい力
複数の関係性を比較し理解する力を養います。

●進め方
複数の表彰台の順位から熟語の総合順位を考え、答えを漢字に直して書いていきます。

●ポイント
・まず全体で一番のものを見つけましょう。その次は二番になるもの、その次は三番……と順に探していくと見つけやすくなります。
・いきなり順位を漢字で書くのが難しければ先に平仮名を漢字に直して横に書くか、下の順位の横に平仮名を書いてから正解を（　　　）に書いてもらいましょう。

●留意点
・熟語が書けることも大切ですが、ここでは順位を考えることが目的ですので、なぜそうなるのか理解できることを重視しましょう。
・漢字が分からなくても順番が分かれば（　　）には平仮名を書いてもらってこの課題の理解度を判断しましょう。
・この課題が難しければ、もっとやさしい課題から取り組ませましょう。（「コグトレ　みる・きく・想像するための認知機能強化トレーニング」（三輪書店）順位決定戦①など）。

取り組み時間：5分　　回数　8回分

例

じゅんいけっていせん ①

ことばたちは、かけっこがはやいじゅんに、ひょうしょうだいにならんでいます。下の（　）のじゅんばんどおりに、ことばたちの名まえをかんじでかきましょう。

（だい1レース）

かけっこがはやいじゅん

1い　[　花火　]さん

2い　[　学校　]さん

3い　[　空手　]さん

❺ 想像する　　173

じゅんいけっていせん ①

ことばたちは、かけっこがはやいじゅんに、ひょうしょうだいにならんでいます。下の（ ）のじゅんばんどおりに、ことばたちの名まえをかんじでかきましょう。

（だい1レース）

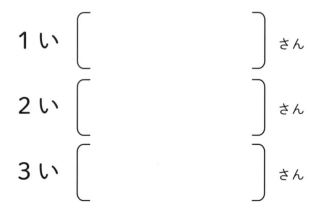

かけっこがはやいじゅん

1い [　　　　　　　] さん

2い [　　　　　　　] さん

3い [　　　　　　　] さん

	ねん	くみ

かけっこがはやいじゅん

1い [　　　　　　　] さん

2い [　　　　　　　] さん

3い [　　　　　　　] さん

じゅんいけっていせん ❷

ことばたちは、かけっこがはやいじゅんに、ひょうしょうだいにならんでいます。下の（　）のじゅんばんどおりに、ことばたちの名まえをかんじでかきましょう。

（だい１レース）

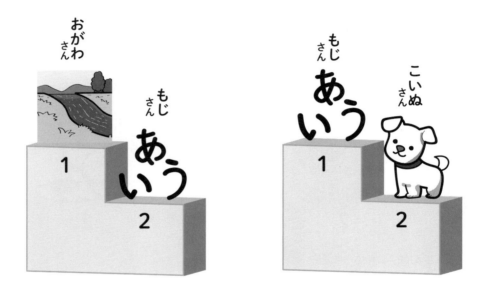

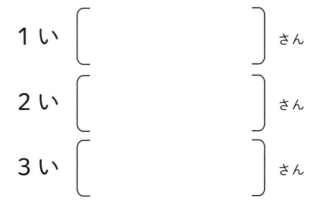

かけっこがはやいじゅん

１い［　　　　　　　］さん

２い［　　　　　　　］さん

３い［　　　　　　　］さん

ねん　　くみ _____

（だい2レース）

かけっこがはやいじゅん

1い [　　　　　　　] さん

2い [　　　　　　　] さん

3い [　　　　　　　] さん

じゅんいけっていせん ❸

ことばたちは、かけっこがはやいじゅんに、ひょうしょうだいにならんでいます。下の（　）のじゅんばんどおりに、ことばたちの名まえをかんじでかきましょう。

（だい１レース）

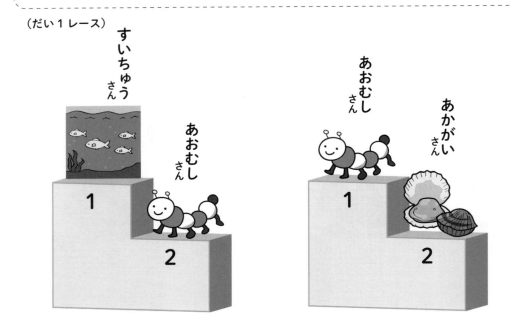

かけっこがはやいじゅん

１い［　　　　　　　］さん

２い［　　　　　　　］さん

３い［　　　　　　　］さん

ねん　くみ _____

(だい2レース)

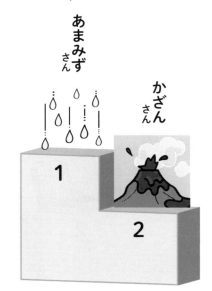

かけっこがはやいじゅん

1い [　　　　　] さん

2い [　　　　　] さん

3い [　　　　　] さん

じゅんいけっていせん ❹

ことばたちは、かけっこがはやいじゅんに、ひょうしょうだいにならんでいます。下(した)の（ ）のじゅんばんどおりに、ことばたちの名(な)まえをかんじでかきましょう。

(だい1レース)

かけっこがはやいじゅん

1い［　　　　　］さん

2い［　　　　　］さん

3い［　　　　　］さん

ねん　　くみ _____

（だい２レース）

かけっこがはやいじゅん

１い　［　　　　　　　　］さん

２い　［　　　　　　　　］さん

３い　［　　　　　　　　］さん

じゅんいけっていせん ⑤

ことばたちは、かけっこがはやいじゅんに、ひょうしょうだいにならんでいます。下の（ ）のじゅんばんどおりに、ことばたちの名まえをかんじでかきましょう。

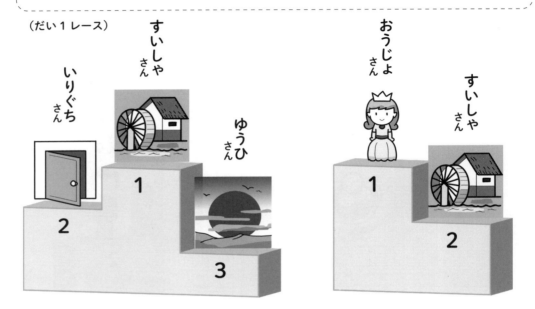

かけっこがはやいじゅん

1い [　　　　　] さん

2い [　　　　　] さん

3い [　　　　　] さん

4い [　　　　　] さん

_____ ねん _____ くみ

かけっこがはやいじゅん

1い [　　　　　] さん

2い [　　　　　] さん

3い [　　　　　] さん

4い [　　　　　] さん

じゅんいけっていせん ❻

ことばたちは、かけっこがはやいじゅんに、ひょうしょうだいにならんでいます。下（した）の（ ）のじゅんばんどおりに、ことばたちの名（な）まえをかんじでかきましょう。

(だい1レース)

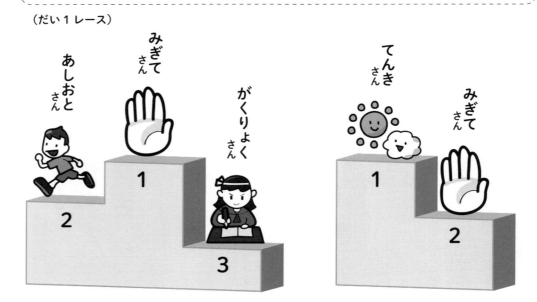

かけっこがはやいじゅん

1い [　　　　　] さん

2い [　　　　　] さん

3い [　　　　　] さん

4い [　　　　　] さん

_____ ねん　　_____ くみ

（だい 2 レース）

かけっこがはやいじゅん

1 い [　　　　　　　] さん

2 い [　　　　　　　] さん

3 い [　　　　　　　] さん

4 い [　　　　　　　] さん

じゅんいけっていせん ❼

ことばたちは、かけっこがはやいじゅんに、ひょうしょうだいにならんでいます。下の（　）のじゅんばんどおりに、ことばたちの名まえをかんじでかきましょう。

（だい1レース）

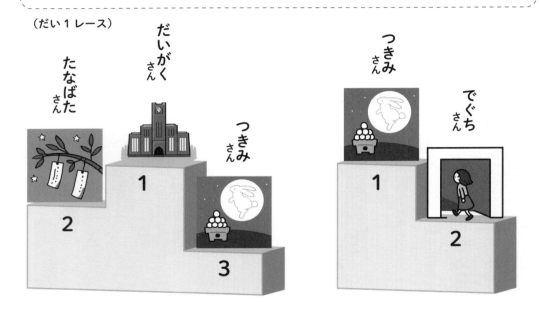

かけっこがはやいじゅん

1い［　　　　　　］さん

2い［　　　　　　］さん

3い［　　　　　　］さん

4い［　　　　　　］さん

_____ねん _____くみ

（だい2レース）

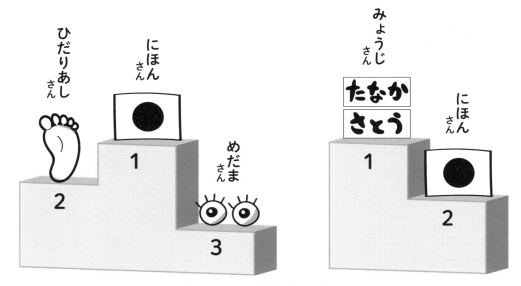

かけっこがはやいじゅん

1い [　　　　　　] さん

2い [　　　　　　] さん

3い [　　　　　　] さん

4い [　　　　　　] さん

じゅんいけっていせん ❽

> ことばたちは、かけっこがはやいじゅんに、ひょうしょうだいにならんでいます。下の（　）のじゅんばんどおりに、ことばたちの名まえをかんじでかきましょう。

（だい1レース）

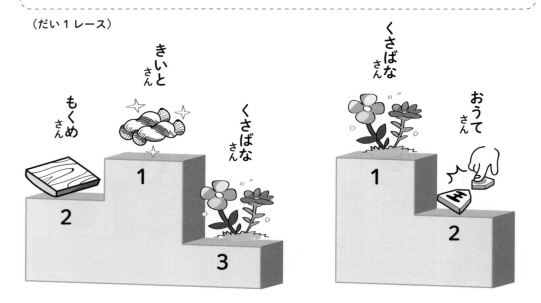

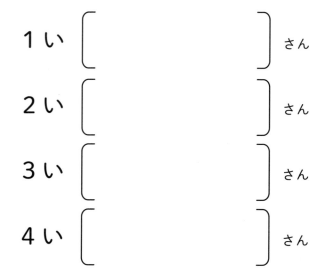

かけっこがはやいじゅん

1い [　　　　　　　] さん

2い [　　　　　　　] さん

3い [　　　　　　　] さん

4い [　　　　　　　] さん

ねん　　くみ

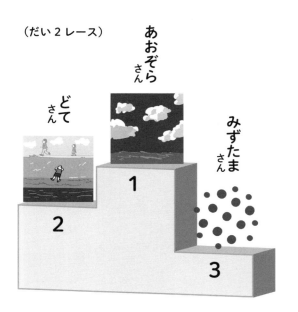

かけっこがはやいじゅん

1い [　　　　　　　] さん

2い [　　　　　　　] さん

3い [　　　　　　　] さん

4い [　　　　　　　] さん

❺　想像する

物語づくり

●**子どもにつけて欲しい力**

　断片的な情報から全体を想像する力やストーリーを想像しながら文章を作成する力を養っていきます。

●**進め方**

　イラストとともに 3 つの提示された言葉を漢字に直し、その漢字を使って自由に短い物語を作ってもらいます。出来たらその物語にタイトルをつけてもらいます。

●**ポイント**

　・平仮名だけでは迷う漢字（例えば右の例では"かわ"＝川、皮、革など）はイラストを見て考えてもらいましょう。
　・もし使う漢字が書けなければ平仮名のままで物語を作ってもらいましょう。

●**留意点**

　・漢字がしっかり書けていることも大切ですがここでは文章を作成する力を養うことが目的ですので、文の構成がきちんと出来ているかを確認しましょう。
　・この課題が難しければ、もっとやさしい課題から取り組ませましょう。（「コグトレ　みる・きく・想像するための認知機能強化トレーニング」物語つくり（三輪書店）など）。

190

取り組み時間：5分　　回数　8回分

例

ものがたりづくり ❸

> 下にかかれた3つのことばをかんじになおし、そのかんじをつかって、みじかいものがたりをつくってみましょう。だいめいもかきましょう。

やま　　　　かわ　　　　みず

だいめい [　　のみ水ができるまで　　]

山にふった雨が川にながれていきます。その水をきれいにして、のみ水ができます。

❺ 想像する　　191

ねん　　くみ _____

ものがたりづくり ①

下にかかれた3つのことばをかんじになおし、そのかんじをつかって、みじかいものがたりをつくってみましょう。だいめいもかきましょう。

　　もり　　　　あし　　　　むし

だいめい [　　　　　　　　　　　　　　　]

ねん　　くみ

ものがたりづくり ②

下にかかれた3つのことばをかんじになおし、そのかんじをつかって、みじかいものがたりをつくってみましょう。だいめいもかきましょう。

おう　　　　あめ　　　　ほん

だいめい [　　　　　　　　　　　]

ねん　　　くみ

ものがたりづくり ❸

下(した)にかかれた３つのことばをかんじになおし、そのかんじをつかって、みじかいものがたりをつくってみましょう。だいめいもかきましょう。

やま　　　　かわ　　　　みず

だいめい [　　　　　　　　　　　　　　]

ものがたりづくり ④

下にかかれた3つのことばをかんじになおし、そのかんじをつかって、みじかいものがたりをつくってみましょう。だいめいもかきましょう。

おとこ　　くるま　　まち

だいめい [　　　　　　　　　　　　　　　]

ねん　　　くみ

ものがたりづくり ❺

下にかかれた3つのことばをかんじになおし、そのかんじをつかって、みじかいものがたりをつくってみましょう。だいめいもかきましょう。

　　かわ　　　　　かい　　　　　て

だいめい [　　　　　　　　　　　　　　]

ねん　　くみ

ものがたりづくり ❻

下にかかれた3つのことばをかんじになおし、そのかんじをつかって、みじかいものがたりをつくってみましょう。だいめいもかきましょう。

そら　　　　おとこ　　　　いぬ

だいめい [　　　　　　　　　　　　　　]

ねん　　くみ

ものがたりづくり　❼

下にかかれた3つのことばをかんじになおし、そのかんじをつかって、みじかいものがたりをつくってみましょう。だいめいもかきましょう。

　おんな　　　　つき　　　　そら

だいめい [　　　　　　　　　　　　　　]

ねん　くみ _____

ものがたりづくり ❽

下(した)にかかれた3つのことばをかんじになおし、そのかんじをつかって、みじかいものがたりをつくってみましょう。だいめいもかきましょう。

た　　　　つち　　　　みず

だいめい [　　　　　　　　　　　　　　　　]

解答編

●数える

【漢字まとめ】
① ○11こ、「十」59こ
② ○11こ、「貝」55こ
③ ○13こ、「九」66こ
④ ○10こ、「口」50こ
⑤ ○12こ、「子」60こ
⑥ ○14こ、「人」70こ
⑦ ○13こ、「水」65こ
⑧ ○12こ、「下」60こ

【漢字数え】
① 9こ
② 11こ
③ 10こ
④ 15こ
⑤ 12こ
⑥ 9こ
⑦ 10こ
⑧ 10こ

【漢字算】
① 3（ 赤 ）
　 4（ 犬 ）
　 5（ 花 ）
　 6（ 山 ）（ 休 ）
　 10（ 雨 ）
② 3（ 金 ）
　 5（ 下 ）（ 気 ）
　 7（ 左 ）
　 8（ 見 ）

　 9（ 円 ）
③ 3（ 字 ）
　 4（ 出 ）
　 5（ 糸 ）
　 7（ 水 ）
　 8（ 女 ）
　 9（ 七 ）
④ 3（ 一 ）
　 4（ 車 ）
　 7（ 王 ）
　 8（ 右 ）
　 9（ 貝 ）（ 口 ）
⑤ 3（ 月 ）
　 4（ 火 ）（ 玉 ）
　 6（ 音 ）
　 7（ 手 ）
　 8（ 子 ）
⑥ 3（ 小 ）
　 7（ 生 ）
　 8（ 人 ）
　 9（ 上 ）（ 森 ）（ 耳 ）
⑦ 5（ 川 ）（ 男 ）
　 6（ 先 ）（ 田 ）
　 7（ 石 ）
　 8（ 足 ）
⑧ 3（ 本 ）
　 5（ 二 ）
　 7（ 年 ）
　 9（ 草 ）（ 白 ）
　 10（ 空 ）

【漢字つなぎ】
　① 学校、夕立、森林、右目
　② 夕空、休日、文字、玉子
　③ 入学、右手、花見、出口
　④ 火力、子犬、早口、水田
　⑤ 入手、四月、入学、雨天
　⑥ 王子、左足、小石、村人
　⑦ 入口、見学、水車、右耳
　⑧ 学年、土足、天女、学生

●見つける

【回転漢字】（順不同）
　① 音、花、男
　② 学、休、空
　③ 校、字、青
　④ 早、足、村
　⑤ 竹、町、林
　⑥ 右、金、見
　⑦ 森、赤、虫
　⑧ 本、草、左

●想像する

【スタンプ漢字】
　① （3）（1）（9）
　② （5）（7）（2）
　③ （5）（7）（1）
　④ （5）（7）（2）
　⑤ （3）（5）（7）
　⑥ （1）（5）（9）
　⑦ （3）（8）（1）
　⑧ （8）（7）（2）

【順位決定戦】
　① 1い（花火）2い（学校）
　　　3い（空手）

　　 1い（正月）2い（大空）
　　 3い（玉子）
　② 1い（小川）2い（文字）
　　 3い（子犬）
　　 1い（空気）2い（土足）
　　 3い（森林）
　③ 1い（水中）2い（青虫）
　　 3い（赤貝）
　　 1い（王子）2い（雨水）
　　 3い（火山）
　④ 1い（赤子）2い（学生）
　　 3い（空白）
　　 1い（青年）2い（大人）
　　 3い（白玉）
　⑤ 1い（王女）2い（水車）
　　 3い（入口）4い（夕日）
　　 1い（見学）2い（大雨）
　　 3い（先生）4い（休日）
　⑥ 1い（天気）2い（右手）
　　 3い（足音）4い（学力）
　　 1い（小石）2い（花見）
　　 3い（天女）4い（千円）
　⑦ 1い（大学）2い（七夕）
　　 3い（月見）4い（出口）
　　 1い（名字）2い（日本）
　　 3い（左足）4い（目玉）
　⑧ 1い（生糸）2い（木目）
　　 3い（草花）4い（王手）
　　 1い（男女）2い（青空）
　　 3い（土手）4い（水玉）

解答編　　201

【漢字さがし】

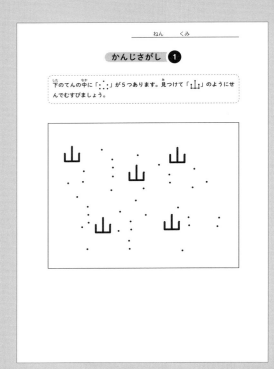

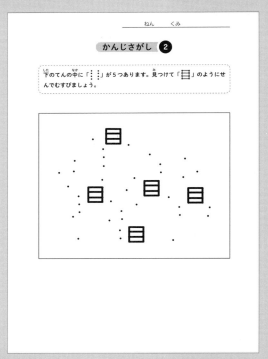

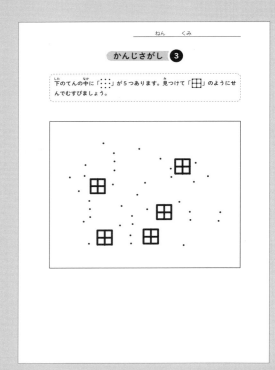

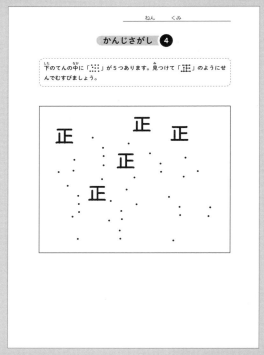

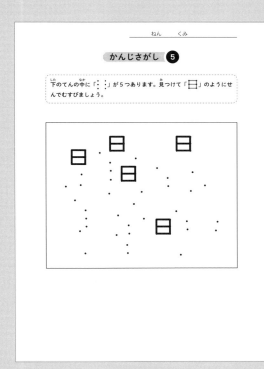
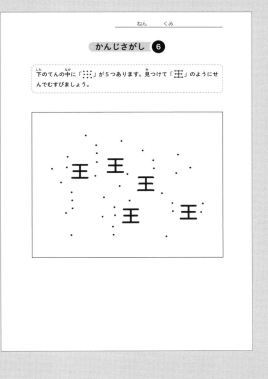
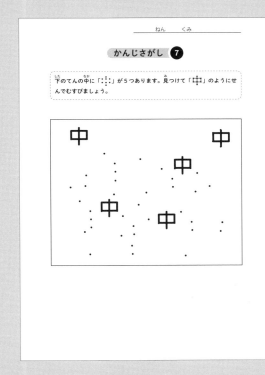
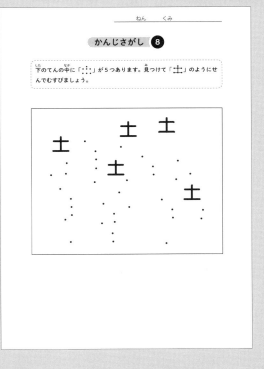

解答編 203

【かさなり漢字】

解答編　205

【違いはどこ？】

【同じ絵はどれ？】

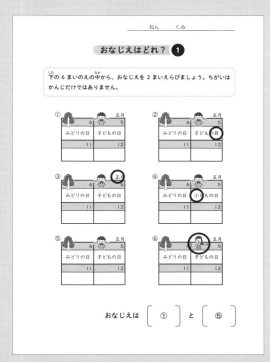

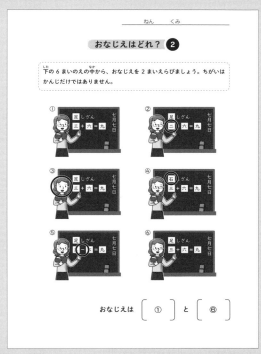

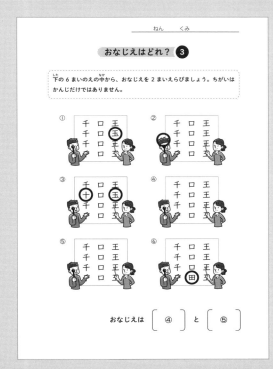

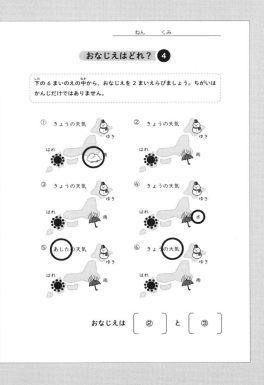

解答編 207

【心で回転】

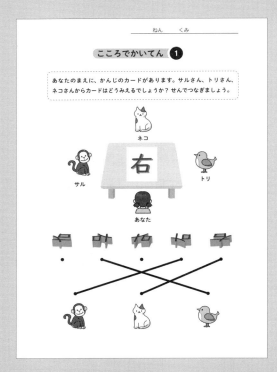

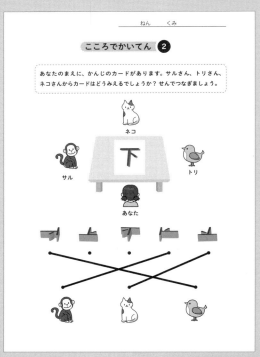

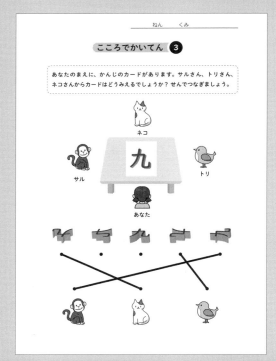

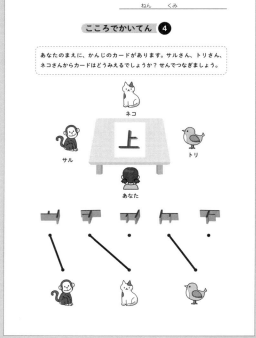

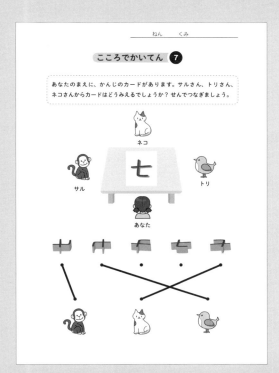

【著者略歴】

宮口　幸治

　立命館大学産業社会学部・大学院人間科学研究科教授。京都大学工学部卒業、建設コンサルタント会社勤務の後、神戸大学医学部医学科卒業。神戸大学医学部附属病院精神神経科、大阪府立精神医療センター・松心園などを勤務の後、法務省宮川医療少年院、交野女子学院医務課長を経て、2016年より現職。医学博士、子どものこころ専門医、日本精神神経学会専門医、臨床心理士、公認心理師。

　児童精神科医として、困っている子どもたちの支援を教育・医療・心理・福祉の観点で行う「コグトレ研究会」を主催し、全国で教員向けに研修を行っている。著書に、『教室の「困っている子ども」を支える7つの手がかり』『性の問題行動をもつ子どものためのワークブック』（以上、明石書店）、『不器用な子どもたちへの認知作業トレーニング』『コグトレ みる・きく・想像するための認知機能強化トレーニング』『やさしいコグトレ　認知機能トレーニング』（以上、三輪書店）、『1日5分！教室で使えるコグトレ　困っている子どもを支援する認知トレーニング122』『もっとコグトレ さがし算60 初級・中級・上級』『学校でできる！　性の問題行動へのケア』（以上、東洋館出版社）、『ケーキの切れない非行少年たち』（新潮社）など。

【執筆協力】

佐藤　友紀　立命館大学大学院人間科学研究科

1日5分！
教室で使える漢字コグトレ　小学1年生

2019（令和元）年 8 月 26 日　初版第 1 刷発行
2024（令和6）年 11 月 25 日　初版第 10 刷発行

著　者　**宮口 幸治**
発行者　**錦織 圭之介**
発行所　**株式会社 東洋館出版社**
　　　　〒 101-0054　東京都千代田区神田錦町 2 丁目 9 番 1 号
　　　　　　　　　　　　コンフォール安田ビル 2 階
　　　　代　表　電話 03-6778-4343 ／ FAX 03-5281-8091
　　　　営業部　電話 03-6778-7278 ／ FAX 03-5281-8092
　　　　振　替　00180-7-96823
　　　　ＵＲＬ　https://www.toyokan.co.jp
装　幀　中濱　健治
本文デザイン　藤原印刷株式会社
イラスト　オセロ
印刷・製本　　藤原印刷株式会社
ISBN 978-4-491-03731-8
Printed in Japan